ベーシック
新しい英語学概論

平賀正子［著］

A Basic Guide
to English Linguistics

ひつじ書房

はしがき

　グローバル化が進む昨今、英語はもはや母語話者だけのことばではなく、国際共通語として文字通り世界の色々な場所でさまざまな人々によって話されていることばとなっています。このような時代背景のもとに、「英語とは何か」を考え、その機能や構造について学ぶことは大変意味のあることだと思われます。

　本書は2つの点で英語学の「新しい」概論です。第1に、英語ということばに対する認識の刷新です。母語英語に加えて国際共通語としての英語を射程に捉えます。第2に、英語の構造面よりも運用面に新たな焦点をあてます。国際共通語としての英語は異文化コミュニケーションという場で営まれているからです。こうした新しい取り組みを積極的に導入し、現代を生きる私たちが具体的に体験する英語によるコミュニケーションの諸相について光をあててみたいと思います。

　この本は、これから英語学を学ぼうとする大学生を対象にした入門書です。できるだけわかりやすく、図や表を多用して解説しています。また具体例や事例研究を紹介し、理解の助けにしています。各章の終わりには、推薦図書や練習問題を載せ、学生の皆さんの興味を引き出す工夫を随所に埋め込んだつもりです。

本書の構成は以下のようになっています。
第1章　英語学の「新しい」概論
　ネイティブ・スピーカーの英語から国際共通語としての英語へと「英語」に対する認識を新たにし、その上で、言語構造の研究からコミュニケーションの研究へと焦点を移行していきます。英語学を俯瞰しつつ「新しい」概論への導入を促します。

第 2 章　さまざまな英語

　英語が世界各地で話されるようになったといっても、具体的にそれはどのような英語なのでしょうか。母語、第二言語、外国語として英語が各地でどのように使用されているのかについて地政学的な特徴を概観します。英語の多様な表れ方をふまえ、母語英語を批判的に相対化する視点を養うため、世界諸英語(World Englishes)という考え方を導入します。

第 3 章　母語英語の特徴(イギリス英語、オーストラリア英語)

　母語英語の変種(variety)のなかで、イギリス英語およびその影響が色濃く残っているオセアニアの英語について、成立の歴史、音韻、語彙、文法、語用を手がかりに、特徴を考察します。

第 4 章　母語英語の特徴(アメリカ英語、カナダ英語)

　アメリカ英語もカナダ英語も移民の英語です。アメリカ英語やカナダ英語の歴史をふりかえると同時に、その言語学的特徴について、イギリス英語との違い、地域方言および社会方言について概説します。

第 5 章　英語と社会的属性

　地域、社会階層、ジェンダーなどの社会的属性によって英語使用にどのような多様性がみられるのかについて、幾つかの事例研究を参照しながら論じます。

第 6 章　英語の発話行為

　私たちは社会のなかで日々、ことばを使って色々なことを行っています。ことばによって実践される「感謝」、「詫び」、「依頼」などを中心に、幾つかの事例研究を参照しながら、発話行為について論じます。

第 7 章　英語のポライトネスと談話分析

　英語で会話をするとき、相手と円滑な人間関係を築くためにどのような方策(ポライトネス)をとるのでしょうか。また、あいづちの打ち方や話の順番取りは日本語とどう違うのでしょうか。談話分析を通して英語圏のコミュニケーションを考察します。

第 8 章　英語文化とコミュニケーション・スタイル

　異文化コミュニケーション論で用いられている複数の「国民文化モデル」を用い、コミュニケーション・スタイルと文化の関係の複雑さ、多層性につ

いて、事例研究を通して考察します。

第9章　英語の非言語コミュニケーション

私たちはことばでコミュニケーションをするのと同時に、声の大きさ、顔の表情、目の動き、ジェスチャー、体の位置などによっても色々な意味を伝えています。英語で行われる非言語コミュニケーションにはどのような特徴があるのかについて分析します。

第10章　語彙からみる英語らしさ

英語の語彙の特徴を、言語文化的特徴および認知的特徴から分析します。歴史的に英語が混血の言語であることをふまえ、言語接触による影響を語彙がどのように残しているのかについて考察するのと同時に、現代の英語語彙が、どのように英語らしい「ものの捉え方」(認知)を反映しているのかについて論じます。さらに婉曲語法や政治的公正さについても触れ、英語文化の反映としての語彙を考察します。

第11章　文法からみる英語らしさ

文法という観点から英語らしさを考えます。英語で好まれる文型や言い回しには、どのようなものの見方が反映しているのでしょうか。文法関係(主語)、品詞(動詞、名詞)や構文(事態把握と他動性)の特徴を参考に、日本語と対比しながら、英語らしさとは何かについて考察します。

第12章　音韻からみる英語らしさ

音韻論の分析を通して、英語に独特な音声、音節の仕組み、アクセント、イントネーションなど、コミュニケーションにとって重要な特徴について概説します。その上で、音韻的特徴のうちどの特徴が国際共通語としての英語による相互理解の為に大切なのかについて論じます。

本書は大学の教科書として書かれていますが、半期でも通年でも使えるように作られています。半期の場合には、講義形式の授業に沿う形で、練習問題を宿題とします。通年の場合には、練習問題からディスカッションのトピックを選ぶなどして、学生が相互に意見を交換することにより学びを深めることをお薦めします。

本書をテキストとして採用なさるか、採用を検討なさっている方には、授

業のためのヒントを提供しています。ご希望の方は、お名前・担当授業名をご明記の上、ひつじ書房（textbook-hint@hituzi.co.jp）までメールでお問い合わせください。

　この本の執筆の背景には担当したさまざまな講義での学生からのフィードバックがあります。2008年から担当している立教大学異文化コミュニケーション学部の「英語学概論」、2010年に担当した国際基督教大学教養学部の「言語教育のための英語学」、2012年、2013年に担当した早稲田大学教育学部の「英語学」（部分）、および2015年に担当した立教セカンドステージ大学の「英語コミュニケーション論」で本書に準じた講義をしてきました。毎回、講義内容へのコメントや質問からなるリアクション・ペーパーを学生に書いてもらい、それらへの回答を講義に組み入れていきました。本書は、こうした学生の生の声に支えられて書き進められたと言っても過言ではありません。学生諸氏に心からお礼のことばを送りたいと思います。

　原稿の段階で、内容、表現、問題点などについて細やかな指摘、貴重な助言を寄せていただいた柴崎礼士郎・明治大学准教授、河原清志・金城学院大学准教授、津田ひろみ・明治大学兼任講師、立教大学大学院異文化コミュニケーション研究科博士課程修了生・永井那和さん、および同博士後期課程在学生・山田悠介さん、村松麻里さんには、深く感謝の意を表します。

　また、イラストを担当して下さった平山大介さん、福山整さん、本当にありがとうございました。

　最後に本書の刊行をお勧めくださり、原稿を辛抱強くお待ちいただいた上に、数々のご助言や励ましのおことばをいただきました松本功・ひつじ書房社長、編集作業を円滑に進めて下さった海老澤絵莉さんに、心より御礼申し上げます。

　膝の上で執筆に協力してくれた愛猫・飛悟（ヒューゴ）と真理には、どんなことばよりも大きな癒しをもらいました。研究の最良の理解者であり、最初の読者である平賀信孝に感謝をこめて本書を捧げます。

平成27年11月
平賀正子

目次

はしがき　　　　　　　　　　　　　　　　　　　　　　　　　　iii

第 1 章　英語学の「新しい」概論　　　　　　　　　　　　　　　　1
　　　　はじめに　　　　　　　　　　　　　　　　　　　　　　　1
　　1.1　身近にある「英語」から　　　　　　　　　　　　　　　　2
　　　　1.1.1　学校の英語　　　　　　　　　　　　　　　　　　　2
　　　　1.1.2　資格としての英語　　　　　　　　　　　　　　　　3
　　　　1.1.3　英語にまつわる広告　　　　　　　　　　　　　　　3
　　1.2　ネイティブ・スピーカーの英語から国際共通語としての英語へ　4
　　　　1.2.1　母語話者と公用語話者　　　　　　　　　　　　　　5
　　　　1.2.2　外国語としての英語　　　　　　　　　　　　　　　6
　　　　1.2.3　英語は誰のものか　　　　　　　　　　　　　　　　7
　　1.3　言語構造の研究からコミュニケーションの研究へ　　　　　8
　　　　1.3.1　英語の構造を研究する分野　　　　　　　　　　　　8
　　　　1.3.2　英語ということばの運用面の研究　　　　　　　　10
　　　　まとめ　　　　　　　　　　　　　　　　　　　　　　　12

第 2 章　さまざまな英語　　　　　　　　　　　　　　　　　　　15
　　　　はじめに　　　　　　　　　　　　　　　　　　　　　　15
　　2.1　3 種類のことば　　　　　　　　　　　　　　　　　　　15
　　　　2.1.1　ことばの 3 分類　　　　　　　　　　　　　　　　15
　　　　2.1.2　母語・第一言語　　　　　　　　　　　　　　　　17
　　　　2.1.3　第二言語　　　　　　　　　　　　　　　　　　　17
　　　　2.1.4　外国語　　　　　　　　　　　　　　　　　　　　18
　　2.2　3 種類の英語　　　　　　　　　　　　　　　　　　　　18
　　　　2.2.1　母語英語と Inner Circle の国々　　　　　　　　　19
　　　　2.2.2　第二言語としての英語と Outer Circle の国々　　　20

		2.2.3 外国語としての英語と Expanding Circle の国々	21
2.3	World Englishes (世界諸英語)		22
	2.3.1	英語の普及と変容	22
	2.3.2	世界諸英語の基本概念	24
2.4	シンガポールの英語		24
	2.4.1	歴史的背景	25
	2.4.2	シンガポール口語英語の特徴	25
	2.4.3	現地化する英語と国際共通語としての英語	27
	まとめ		28

第 3 章　母語英語の特徴（イギリス英語、オーストラリア英語）　31

	はじめに		31
3.1	イギリス英語の歴史		31
	3.1.1	古英語	32
	3.1.2	中英語	33
	3.1.3	近代英語	34
	3.1.4	現代英語	38
3.2	現代イギリス英語の特徴		39
	3.2.1	使用地域	39
	3.2.2	方言と標準語	39
	3.2.3	イギリス英語の発音	40
	3.2.4	イギリス英語の語彙	41
	3.2.5	イギリス英語の文法	42
3.3	オーストラリア英語		42
	3.3.1	オーストラリア英語の歴史	42
	3.3.2	オーストラリア英語の一般的特徴	43
	3.3.3	一般オーストラリア英語の特徴	43
	まとめ		44

第 4 章　母語英語の特徴（アメリカ英語、カナダ英語）　47

	はじめに	47
4.1	アメリカ英語の歴史	47

	4.1.1	移民の英語	47
	4.1.2	アメリカ英語の成立	48
	4.1.3	人々の移動と流入によるアメリカ英語の発展	49
	4.1.4	世界語としてのアメリカ英語	49
	4.1.5	アメリカの言語政策	50
4.2	アメリカ英語の特徴		51
	4.2.1	使用地域	51
	4.2.2	方言と標準語	51
	4.2.3	社会方言としてのエスニック・バラエティ	53
	4.2.4	アメリカ英語とイギリス英語	54
	4.2.5	Texting の英語	55
4.3	カナダ英語		57
	4.3.1	カナダ英語の歴史	57
	4.3.2	カナダ英語の一般的特徴	57
	4.3.3	カナダ英語の語彙と綴り字	58
	4.3.4	カナダ英語の発音と文法	58
	まとめ		59

第 5 章　英語と社会的属性　　63

	はじめに		63
5.1	地域		63
	5.1.1	イギリスの地域方言	63
	5.1.2	英語変種と方言の関係	65
5.2	社会階層		66
	5.2.1	階層方言	66
	5.2.2	イギリス英語の階層方言 　—トラッドギルによるノリッジ調査	68
	5.2.3	アメリカ英語の階層方言 　—ラボフによるニューヨーク調査	70
5.3	ジェンダー		73
	5.3.1	社会集団としてのジェンダー	73
	5.3.2	英語運用にみられるジェンダー	74
	まとめ		77

第6章　英語の発話行為　　　　　　　　　　　　　　81

　　　　　はじめに　　　　　　　　　　　　　　　　81
　6.1　語用論とは何か　　　　　　　　　　　　　　81
　6.2　お礼　　　　　　　　　　　　　　　　　　　82
　　　　6.2.1　発話行為の仕組み　　　　　　　　　82
　　　　6.2.2　英語による「お礼」のストラテジー　83
　　　　6.2.3　「お礼」の日英比較　　　　　　　　84
　6.3　詫び　　　　　　　　　　　　　　　　　　　86
　　　　6.3.1　「詫び」という発話行為　　　　　　86
　　　　6.3.2　英語による「詫び」のストラテジー　87
　　　　6.3.3　「詫び」の日英比較　　　　　　　　89
　6.4　依頼　　　　　　　　　　　　　　　　　　　93
　　　　6.4.1　「依頼」という発話行為　　　　　　93
　　　　6.4.2　英語による「依頼」のストラテジー　94
　　　　まとめ　　　　　　　　　　　　　　　　　　95

第7章　英語のポライトネスと談話分析　　　　　99

　　　　　はじめに　　　　　　　　　　　　　　　　99
　7.1　ポライトネス　　　　　　　　　　　　　　　99
　　　　7.1.1　ポライトネスとは何か　　　　　　　99
　　　　7.1.2　協調の原理　　　　　　　　　　　　100
　　　　7.1.3　Brown & Levinson (1987) のポライトネス理論　102
　7.2　事例研究―日米の依頼行為にみるポライトネス　106
　　　　7.2.1　依頼とポライトネスの日米比較　　　107
　　　　7.2.2　「わきまえ方式」と「働きかけ方式」のポライトネス　108
　7.3　談話分析　　　　　　　　　　　　　　　　　109
　　　　7.3.1　談話とは何か　　　　　　　　　　　109
　　　　7.3.2　談話分析の研究対象　　　　　　　　109
　7.4　事例研究―あいづちの日米中比較　　　　　　111
　7.5　事例研究―課題設定小集団討議の日米比較　　113
　　　　まとめ　　　　　　　　　　　　　　　　　　115

第 8 章　英語文化とコミュニケーション・スタイル　119

　　　はじめに　119
　8.1　文化とは何か　119
　　　8.1.1　文化の定義　119
　　　8.1.2　異文化コミュニケーション　120
　8.2　文化モデル　121
　　　8.2.1　Hall (1976) の文化モデル　121
　　　8.2.2　Hofstede (1991) のモデル　124
　　　8.2.3　国民文化モデルからみる英語圏文化と日本文化　127
　8.3　事例研究
　　　―アカデミック談話にみる日英コミュニケーションの違い　128
　　　8.3.1　リサーチデザイン　129
　　　8.3.2　分析結果―学生の型とその分布　130
　　　まとめ　133

第 9 章　英語の非言語コミュニケーション　135

　　　はじめに　135
　9.1　非言語コミュニケーションとは何か　135
　9.2　近接空間学　136
　9.3　パラ言語学　138
　9.4　身体動作学　139
　　　9.4.1　適応動作　140
　　　9.4.2　発話調整動作　141
　　　9.4.3　感情表出　141
　　　9.4.4　例示的動作　142
　　　9.4.5　語彙的動作　143
　　　まとめ　150

第 10 章　語彙からみる英語らしさ　155

　　　はじめに　155
　10.1　歴史からみる　155
　　　10.1.1　イギリス英語にみられる借用語　155

	10.1.2	アメリカ英語にみられる借用語	158
	10.1.3	日本語からの借用語	159
10.2	認知からみる		160
	10.2.1	認知とは何か	160
	10.2.2	英語らしいカテゴリー化	160
	10.2.3	英語らしい喩え方	162
10.3	婉曲語法と政治的正しさ		165
	10.3.1	婉曲語法とは何か	165
	10.3.2	政治的正しさ	166
	まとめ		168

第11章　文法からみる英語らしさ　171

	はじめに		171
11.1	文法関係（主語）		171
	11.1.1	主語をめぐる日英語の違い	172
	11.1.2	主語と話題	172
	11.1.3	主語の言語化	175
11.2	品詞（動詞・名詞）		176
	11.2.1	動詞と名詞に共通する物の見方・捉え方	176
	11.2.2	動詞・名詞からみる英語らしさ	178
11.3	構文と事態把握		182
	11.3.1	英語らしい構文・言い回し	182
	11.3.2	「する」的言語と「なる」的言語	183
	11.3.3	「モノ」的言語と「コト」的言語	184
	まとめ		186

第12章　音韻からみる英語らしさ　189

	はじめに		189
12.1	音声学と音韻論		189
12.2	英語の音声		191
	12.2.1	音素	191
	12.2.2	音素体系―母音と子音	192

	12.2.3 音節とモーラ	195
12.3	英語のアクセント、イントネーション、リズム	196
	12.3.1　アクセント	197
	12.3.2　イントネーション	197
	12.3.3　リズム	198
12.4	国際共通語としての英語の音韻論	200
	12.4.1　国際共通語としての核	201
	12.4.2　日本語母語話者からみた国際共通語としての英語発音の困難点	203
	まとめ	204

索引　　　　　　　　　　　　　　　　　　　　　　207

第 1 章　英語学の「新しい」概論

はじめに

　「英語学」とは英語を対象とした言語学研究のことです。言語学の研究は多岐にわたっていますが、大別すると言語の構造についての研究と運用についての研究に分けられます。本書では特に後者に焦点をあて、グローバル化する世界における英語の位置を見極め、英語コミュニケーションの仕組みについて入門的な概説を試みたいと思います。そうすることがなぜ英語学の「新しい」概論になるのかについて、第 1 章では身近な例をあげながら論じたいと思います。

　「英語」とは何なのでしょうか。どんなことばなのでしょうか。この問題をどう考えるかによって英語学の捉え方自体も変わってきます。

　英語は 5 世紀ごろにアングロサクソン人によってブリテン島にもたらされてから 1500 年以上の年月を経て世界へと広まったことばです。今では、イギリス（連合王国）、そこから移民した人々の住むアメリカ合衆国、カナダ、オーストラリア、ニュージーランドへと広がり、多くの人々が母語として毎日使っています。それだけではありません。世界の各地では、母語ではないけれど**公用語**や**準公用語**として英語を使っているところが沢山あります。また、日本のように日常生活で毎日使うほどには広まってはいないものの、高等教育機関、メディア、国際機関・企業や観光などの分野では、英語を頻繁に使うところもあります。

　日本に住む私たちにとって英語とは何なのかについてまず考えてみましょう。身近な例として、学校では英語はどのように教えられているのでしょ

か。また一般社会では英語はどのように認識されているのでしょうか。私たち日本人は、誰が話す英語を「本当の」英語、あるいは「正しい」英語だと信じ、お手本として学んできたのでしょうか。そしてそれは世界の現状に合っているのでしょうか。このような問いに答えながら、今を生きる日本人として英語とどのように向き合うかを考える契機を提供し、「新しい」英語学概論を始めたいと思います。

1.1　身近にある「英語」から

1.1.1　学校の英語

　皆さんが中学生や高校生のとき、英語とは何だったでしょうか。思い出してみましょう。多く皆さんの頭に浮かぶのは「英語は科目だ」ということではないでしょうか。中学でも高校でも、英語は重要科目だったのです。「国語」「数学」「世界史」「日本史」「物理」「化学」「体育」や「音楽」などと比べてみましょう。どの高校、どの大学のどの学部を受験しようとも、英語がつきまといます。だから受験をひかえているどの生徒にとっても「重要科目」なのです。先生も英語は受験のための最重要科目だと位置づけていますし、もちろん予備校や塾でもそうです。

　「科目としての英語」では、知識を試す試験が実施されるのが普通です。科目としての英語の試験では結果は数値化されるため、正解が1つで、しかも客観的に公正に採点できる問題が作られることになります。

　試験範囲も決まっています。実力試験だと思われている高校入試でも大学入試でも、それぞれ中学や高校で学習するはずの語彙や文法事項を考慮して出題されているのです。

　このように考えると、私たちが学んでいる「科目としての英語」は学校教育という制度の中で意味をもち、教室という限定された環境の中で使われ試される知識の体系や運用の技術だと言ってよいでしょう。学校の英語の成績がどんなに良くても、それはいわゆる「英語ができる」ということとはイコールではないのです。

1.1.2　資格としての英語

「英語ができる」ということを「売り」にしたいと思う人もいます。英検（実用英語技能検定）や TOEIC (Test of English for International Communication) など、技能としての英語力を測るテストは数多くあります。国際的に通用する、ケンブリッジ英検、国連英検、TOEFL (Test of English as a Foreign Language)、IELTS (International English Language Testing System) で好成績をあげれば、留学や就職も有利に運ぶかもしれません。

英語ができると資格になります。なぜでしょうか。どうしてアラビア語やスワヒリ語ではなくて英語なのでしょうか。英語は多くの人が話す言語だからでしょうか。では話者数が多い中国語やスペイン語ではなぜいけないのでしょうか。英語は中国語やスペイン語とは異なり、第二言語あるいは外国語として話す人の数が非常に多い言語です。世界中の色々な場所で使え、必要とされ、需要が高い言語なのです。英語にはブランド力があると言ってもいいでしょう。英語が資格になり、その資格を手にいれると、留学やビジネスのチャンスが増え、成功への道が開けるというわけです。

しかしながら、私たちの周りを見回してみても、国際ビジネス、国際政治、国際開発に携わる人、通訳や翻訳ができる人、いわゆる英語のプロと呼ばれている人の数はそんなに多くはありません。多くの日本人にとっては、英語はしゃべりたいなぁと思う言語、あこがれの言語なのではないでしょうか。

1.1.3　英語にまつわる広告

いまや外国へ出かけていかなくても、英語がお茶の間に飛び込んでくる時代です。広告、歌詞、商品名、ニュース、インタビュー、映画、あげていけばきりがありません。英語を全く知らない日本人はおそらく1人もいないでしょう。しかし、自分たちの英語にあまり自信をもつことができず、実際の場面で積極的に英語をしゃべることを躊躇してしまいがちな人は多いと思います。少しは英語がじょうずになりたい、英語でコミュニケーションがとれるようになりたいと考えている人は意外に沢山いるでしょう。だからこそ、巷には英会話学校や英語攻略本があふれているのだと思います。

首都圏の電車の車内広告数ベスト5には英会話学校が入ります。世の中にこんなに英語を学びたい人が沢山いるのかと不思議な気持ちになるぐらい多くの学校が広告されています。そういう広告には文字だけではなく写真も載っていて、先生として写っているのはおおかた白人を中心とする非アジア・アフリカ系の人々です。

　本屋さんに行けば必ずと言っていいほど英語を学ぶための本がまとめてあるコーナーがあります。こういうところで宣伝に使われているキャッチフレーズにはある種の傾向があるのです。「簡単に学べる」「短時間で学べる」そして「ネイティブのように話そう」です。

　英語にまつわる宣伝広告の中に知らず知らずのうちにすり込まれているのは、「本当の英語とはネイティブ・スピーカーが話す英語だ」という神話です。宣伝広告、英会話学校の先生、テレビの英語教育番組、どれをとってもネイティブ・スピーカーが登場します。しかも駄目押しをするように白人の先生が出て来ます。英語を母語としている国々の多くは多民族国家であるという事実からみても、私たちが随分ゆがんだイメージで「本当の英語」を捉えていることがわかります。

1.2　ネイティブ・スピーカーの英語から国際共通語としての英語へ

　さて、次のようなジョークがあります。「世界でもっとも頻繁に、沢山の人々によって話されている英語とはどんな英語でしょうか。」イギリス英語でしょうか。アメリカ英語でしょうか。いいえ、違います。答えは、「Broken English（不完全な英語）」です。

　このジョークは単なる笑い話ではなく、英語ということばが、今やネイティブ・スピーカーだけのものではなく、英語を母語としない人たちにも広く使われるようになってきているという現実を如実に物語るものだと言えます。

1.2.1 母語話者と公用語話者

次の表 1.1 は、1990 年代の母語話者数が多い言語のトップ 10 を示したものです。英語は約 4 億人で、中国語に次いで世界第 2 位です。

これを公用語話者数という観点からみると、表 1.2 のようにトップが入れ替わります。その上、英語の母語話者数は 4 億あまりなのに、公用語として英語を使う人が 14 億もいるのです。つまり、10 億の人々は、彼らの母語に加えて、いわば第二言語として、英語を使っているわけです。

表 1.1　1990 年代の母語話者数トップ 10（Crystal, 2010, p.297）

順位	言語名	人数（百万）
1	中国語	1071
2	英語	427
3	スペイン語	266
4	ヒンディー語	182
5	アラビア語	181
6	ポルトガル語	165
7	ベンガル語	162
8	ロシア語	158
9	日本語	124
10	ドイツ語	121

表 1.2　公用語話者数トップ 10（cf. クリスタル, 1992, p.413）[1]

順位	言語名	人数（百万）
1	英語	1400
2	中国語	1000
3	ヒンディー語	700
4	スペイン語	280
5	ロシア語	270
6	フランス語	220
7	アラビア語	170
8	ポルトガル語	160
9	マレー語	160
10	ベンガル語	160

1.2.2　外国語としての英語

　さて、英語は公用語や準公用語となっていないところでも使われています。それは**外国語**(foreign language)として使われているということができるでしょう。日常生活では現地語が主として使われる地域で、英語のネイティブ・スピーカーと話す場合や、英語非母語話者同士が共通語としての英語で話すという場合です。特に後者の場合が目にみえて増加しており、そこに**国際共通語としての英語**の特殊性があると言えます。

　例えば、日本で英語を話す機会を考えてみればよくわかるでしょう。英語は外国語として教育され、日本語を話さない人々と私たちが意思疎通をはかったり、情報を共有したり、行動を共にしたりするときに使われています。日本においてさえ、英語を使う相手はネイティブ・スピーカーとは限りません。むしろ、非母語話者同士が英語でコミュニケーションを図ろうとする場面がどんどん増えているのではないでしょうか。

　最近では、どこが開催国であっても国際会議はほとんど英語で行われるようになりました。そのような会議に出席すると、多様な英語によるプレゼンテーションを聞くチャンスがあります。日本人の私には、ネイティブ・スピーカーの英語よりも日本人が話す英語の方がわかりやすいという経験をすることがあります。もちろん話すスピードがゆっくりしていたり、語彙や文法がわかりやすかったりするのも原因の1つです。けれども、話の組み立て方や順序が日本人の思考パターンを反映しているというのも大きな原因だと思います。

　非母語話者同士で話していると、知っている語彙数が少ないので、かえって話がシンプルになりわかりやすくなることがあります。またお互いに間違いに対する寛容度が高くなり、気軽に話せるということもあります。

　話しことばだけではなく、書きことばの世界でも英語が大量に使われる時代になりました。この傾向が顕著に表れているのはインターネットです。例えば世界の大学のホームページを訪ねてみましょう。必ず英語で書かれたページがついています。タイの大学であっても、イタリアの大学であっても、チュニジアの大学であっても、それぞれの母語のページと共に英語のページがあるのです。こうしたページが英語を母語とする人のためだけに作

られているとは思えません。母語話者であろうが非母語話者であろうが、ホームページを訪れる英語の読める人たちのために作られているのでしょう。

1.2.3　英語は誰のものか

　20世紀後半には、英語は世界のいたるところで使われるようになり、こうした多様な英語は**世界諸英語**(World Englishes)と呼ばれるようになりました。Englishという単語を複数形にして使用します。もはや英語はネイティブ・スピーカーのものというよりは、世界中の人々のものになったのです。私たちがさまざまなメディアを通して読んだり聞いたりする英語は、必ずしもネイティブ・スピーカーの英語に限らず、むしろ現地化し変容した**変種**(varieties)の方が多いのかもしれません。

　現地化した英語が広まり、それにつれてどんどん変容をとげ、現地の人々にとってはまさに自分たちのアイデンティティを表す言語になっているシンガポールのような地域もあります。現地化した英語は、初めて聞く人々にとっては、**発音、文法、語彙・語用**などどのレベルをとってもわかりにくいことがあります。変容が進みすぎてしまったのです。

　英語が世界で使われていくには、相手に通じる**わかりやすさ**(intelligibility)が大切だということがわかります。国際コミュニケーションに使われる英語は、**国際語**(international language)や**国際共通語**(lingua franca)と呼ばれ、ネイティブ・スピーカーの英語とは区別されるようになってきました。いわゆる「正しさ」や「流暢さ」よりも、「通じること」を優先する考え方に基づいて、「共通語としての核」を探そうとする試みが続けられている時代なのです。

　このような認識に立てば、今やネイティブ・スピーカーの英語だけをお手本にしていては、世界の英語についていけないということは明白です。また、ネイティブ・スピーカーの英語といえども、地域や階層、年齢や性別などの**社会的属性**によりさまざまな変種があり、その上、使われる場面や状況、話題などに応じてそれぞれ少しずつ異なるのです。すべてのネイティブ・スピーカーが教科書のように話しているわけではないのです。英語とい

うことばを新しい認識のもとで捉え直すこと、これが英語学の「新しい」概論の第 1 の目的です。

1.3　言語構造の研究からコミュニケーションの研究へ

　第 2 の目的は、英語学のどこに焦点を置くかということに関わります。従来の概論では、**音声学・音韻論**からはじまり、**形態論、統語論、意味論**と進んで最後に**語用論**が来るというのが一般的でした。それは、現代言語学の研究分野が、構造面の研究から運用面の研究へと発展してきた歴史と合致しているとも言えます。英語に限らず、ことばの運用面へと研究のうねりが動いている今、コンテクストに根ざした**言語実践** (linguistic practice) として、コミュニケーションという**相互行為** (interaction) に焦点をあてた英語学概論の取り組みが待たれているように感じます。

1.3.1　英語の構造を研究する分野

　英語学には、英語の構造や規則の仕組みについて研究する分野があります。従来は、「英語学」というと、表 1.3 にあげたような学問分野をさしていました。

表 1.3　言語構造に関わる英語学の学問分野

音声学	物理的な言語音声についての研究
音韻論	音韻、音韻構造の研究
形態論	語構造の研究
統語論	文構造、統語規則の研究
意味論	語や文の意味の研究

　この分類は、どんな単位で言語を捉えるかということと対応しています (cf. 中島, 2011, pp.3–4)。

表 1.4　言語の分析単位と言語学の分野

単位	音声	語	句・文
分野	音声学 音韻論	形態論 語彙論	統語論
		意味論	

　音声学は、言語音の物理的側面を研究する分野です。口の中で調音器官がどのように作用しているかを研究する**調音音声学**、音声がどのように空気中を伝わるかを研究する**音響音声学**、そして、耳から脳へどのように音声が伝わり、解釈されるかを研究する**聴覚音声学**という分野に細分化されます。一般には、調音音声学に従い、調音の場所と調音の仕方から、言語音を分類したり、記述したりします。

　音韻論では、音声が英語の構成要素としてどのように働くかを機能面から研究します。特に、意味を弁別する最小の音声単位（**音素**）を同定し、それがどのように組み合わさって単語を作るのかという規則性を明らかにします。また、アクセントやイントネーションなど、個々の音声を越えた語や文に対して付される音声的特徴についても研究します。

　形態論は、語がどのような構成要素（**形態素**）から成り立っているかを分析し、その要素の性質や結合の仕方を解明する分野です。形態素というのは、意味をもつ最小の単位のことです。例えば、book と books、tree と trees を比べてみましょう。Book や tree は単独で使え、それぞれ独自の意味をもっています。形態素の中で最もわかりやすい例です。では"-s"はどうでしょうか。単独では使えません。けれども、明らかに「複数」という意味を、一緒に使われる名詞に与えています。**屈折形**（例えば活用語尾）や**派生形**は単独では使えませんが、語を形作る上で重要な要素です。語の構造がどのような規則によって構成されているのかを研究するのが形態論です。

　統語論は、句や文がどのような構造で成り立っているかを研究する分野です。私たちが中学や高校で習う学校文法も統語論の一種ですが、20 世紀になるとより精緻で体系的な規則体系として統語論は発展してきました。文を構成する要素である構成素には「名詞」「動詞」などの品詞やそれらが組み

合わされた「名詞句」「動詞句」などがあります。これらの構成素がさらに組み合わされて文は作られており、「主語」「目的語」などの**文法関係**を形成します。また文には、「平叙文」「疑問文」「命令文」などの種類もあります。統語論とは、これら構成素の配列や文法関係から文の構成素間の階層性や体系性を解き明かし、どんな言語にも適応できる一般的規則によって説明しようとする試みであるとも言えます。

意味論という分野では、語や文の意味をどのように記述し、分析し、説明するかを研究します。意味素性のような意味を記述する単位、語彙の意味変化、「同意」「反意」「多義」「曖昧」などの意味関係、語彙や文の言語表現とそのさし示すものとの関係を扱う意味と指示(sense and reference)などについて、歴史的、概念的、認知的な研究が行われています。

本書では、英語の構造や規則については、概略的に解説する程度にとどめます。こうした構造面については、すぐれた概論がすでに何冊も刊行されているからです。このような概論書を補完する意味で、英語の運用面に焦点をあてたところが、本書の「新しさ」です。

1.3.2　英語ということばの運用面の研究

ことばの構造についての知識は、もちろんそのことばを運用する場合の基本になります。しかしながら、構造についての知識がいくらあっても、それだけではことばを運用できるわけではないのも事実です。

ことばはゲームにたとえられることがあります。ことばの構造を知っているということは、ゲームの規則、例えば将棋の駒の並べ方や動かし方を知っているということです。しかしながら、こうした規則を知っているだけでは、ゲームはうまく運びません。最初の一手はどこに指すか、相手の動きにしたがって次をどう読むか、定跡どおりに指すとどうなるかなどなど、ゲームを進めて行くには駒の規則に加えて、相手の駒との関係でどのように対応したらよいかを判断しなければなりません。

ことばも同じです。駒の動かし方や並べ方はちょうど発音や語彙、そして文法に似ています。ルールブックに書かれていることだと思えばよいでしょう。相手の駒との関係でどのように対応していくかというところは、実際の

ことばの運用、あるいは言語実践というわけです。これはルールブックには書かれていません。

表 1.5　言語運用に関わる学問分野

社会言語学	社会的属性による言語使用の違いの研究
語用論	コミュニケーションにおける言語実践（発話行為、ポライトネス、談話など）の研究
異文化コミュニケーション論	文化差がコミュニケーション行動に与える影響の研究
非言語コミュニケーション研究	言語によらないコミュニケーションの研究

言語運用に関わる学問分野は多岐にわたりますが、表 1.5 にその一部を列挙しました。本書で扱う分野に対応しています。

ことばは、社会や文化、そこに生きる人々を色濃く反映しています。**社会言語学**では、地域、階層、年齢、性別などの話し手の属性によって言語使用にどのような多様性がみられるか、コンテクストに応じて人々はどのように言語を使い分けるかについて研究します。

語用論は、話し手・聞き手、コンテクスト、指示対象、社会・文化的前提などを考慮しながら、コミュニケーションという相互行為の諸相について考察します。すなわち、ことばをそれが営まれるコンテクストに深く結びつけ、「実践的行為として」研究する分野です。これは、「構造として」ことばを定義し、その音韻、意味、統語の仕組みを分析する狭義の言語学を補完する立場です。

私たちは社会の中で日々、ことばを使って色々なことを行っています。ことばによって実践される「感謝」、「詫び」、「依頼」、「誉め」などの**発話行為**は、どのように行われるのでしょうか。相手との関係によって、あるいは行為の重要さによって、言い方に違いはあるのでしょうか。こうした側面を研究するのが**発話行為論**という分野です。ことばの実践には必ずと言ってよいほど相手がいます。したがって、相手との相互行為という観点からも言語運用を捉えることができます。円滑なコミュニケーションのために相手に対し

て示す配慮の言語方略を**ポライトネス**と言います。また、あいづち、同時発話、話者交替、会話の展開の仕方などがどのようになっているのかについて、参与者間の関係性を考慮にいれながら分析するのが**談話分析**という分野です。

　異文化コミュニケーション論は、文化（特に**国民文化**）の違いによってコミュニケーションのとり方がどのように異なるかについて研究する分野です。例えば、英語ではどのようなコミュニケーション・スタイルが一般的なのでしょうか。それは日本語とはどこが似ていて、どこが異なるのでしょうか。さまざまな理論がありますが、本書では代表的な異文化コミュニケーション論を紹介し、英語コミュニケーションの特徴を探ります。

　私たちはことばでコミュニケーションをするのと同時に、声の大きさ、顔の表情、目の動き、ジェスチャー、体の位置、相手との距離などによっても色々な意味を伝えています。このように、ことばによらないコミュニケーションのことを**非言語コミュニケーション**と言います。この分野の研究では非言語コミュニケーションにはどのような特徴があるのか、文化によってどんな違いがあるのかについて考察します。

まとめ

　英語学の「新しい」概論として、本書ではまず英語ということばに対する認識を新たにし、母語英語に加えて国際共通語としての英語を射程におさめます。その上で、ことばの運用に焦点をあて、コンテクストに根ざしたコミュニケーションという側面から英語に迫ります。こうした新しい取り組みを積極的に導入し、現代を生きる私たちが具体的に体験する英語によるコミュニケーションの諸相について光をあててみたいと思います。

練習問題

1. あなたにとって「英語」とは何でしょうか。
2. 非母語話者同士が英語で話す場合、どのようなことに気をつけた方がよいと思いますか。
3. 母語英語と国際共通語としての英語の違いは、どこにあるのでしょうか。
4. 英語の構造に焦点をあてる研究と、運用面を研究する2つの研究分野それぞれの特徴と、その違いについてまとめてみましょう。

注

1 表1.2は、クリスタル (1992, p.413) に従い、その言語が公用語として位置づけられている国の人口の概数をまとめたものです。

参考文献

Crystal, D. (Ed.). (2010). *The Cambridge encyclopedia of language*, 3rd ed. Cambridge: Cambridge University Press.

クリスタル, D. (1992).『言語学百科事典』(佐久間淳一ほか訳). 大修館書店. [原著：Crystal, D. (Ed.). (1987). *The Cambridge encyclopedia of language*, 1st ed. Cambridge: Cambridge University Press.]

中島平三 (2011).『ファンダメンタル英語学〈改訂版〉』ひつじ書房.

推薦図書

Fromkin, V., Rodman, R., & Hyams, N. (2013). *An introduction to language*, 10th ed. Independence, KY: Cengage Learning.

井上逸兵 (2015).『グローバルコミュニケーションのための英語学概論』慶應義塾大学出版会.

宍戸通庸・平賀正子・西川盛雄・菅原勉 (1996).『表現と理解のことば学』ミネルヴァ書房.

第 2 章　さまざまな英語

はじめに

　英語が世界各地で話されるようになったと言っても、具体的にそれはどのような英語なのでしょうか。**母語**として、**第二言語**として、さらに**外国語**として英語が各地でどのように使用され、またそれはどのような歴史を孕んでいるのかについて地政学的な特徴を概観します。英語の多様な表れ方をふまえ、母語英語を批判的に相対化する視点を養うため、**世界諸英語**（World Englishes）という考え方を導入します。さらに世界諸英語の事例として、**シンガポール口語英語（シングリッシュ）**を紹介しながら、**国際共通語としての英語**（English as a lingua franca）にはどのような条件が必要なのかを考察します。

2.1　3 種類のことば

2.1.1　ことばの 3 分類

　私たちがことばとどのように関わって生活するかを理解するためには、その人の生まれ落ちた社会の特徴や人生を歩んでいく過程で経験するさまざまな状況を振り返ってみることが役立ちます。日本人にとって最も一般的なことばとの関わりは、次のようなものでしょう。まず、日本語を母語として話す両親のもとに生まれ、日常的に日本語の中で育てられ、幼稚園から学校教育を通じて、ほとんど日本語を毎日使って生活します。学習や仕事、家庭生活や社会的活動、娯楽やスポーツなどほぼすべて日本語を使って過ごしま

す。つまり、母語として日本語をしっかりと身につけ、その母語環境の中で人生のほとんどの時間を過ごすのです。

　このような日本人がおそらく最初に出会う非母語は、**外国語**としての英語でしょう。大多数の日本人は、中学校に入ったときに初めて英語を習い、学校教育の中で英語という言語を体系的に学んできました。とはいえ、今やテレビや映画、新聞、雑誌、インターネット、町にあふれる看板や品物の名前などによって、かなりの幼少時から実は英語に触れていることは否めません。特に、2011年4月から小学校に「外国語活動」が必修として導入されたことを受けて、英語学習の低年齢化に益々拍車がかかり、幼稚園や保育園で英語教室が開かれたり、子ども向けの英会話学校が開校されたりしているという現状もあります。

　しかしながら、日本において英語をはじめとする外国語が日常生活の中で頻繁に使用されるという経験は、例外的とは言わないまでも、あまり一般的ではありません。学校で習う英語も教室の中での活動に限定され、教室外で毎日英語を使うという経験をしている生徒はおそらく少ないのではないでしょうか。このように日常生活の中では限定的にしか使われていない非母語のことを、**外国語**(foreign language)と言います。

　外国語という考え方とは対照的に、**第二言語**(second language)という考え方があります。第二言語というのは、母語(第一言語)を習得した後に習得した(習得している)ことばで、日常生活でも頻繁に使用していることばをさします。現在の日本において、例えば英語のような非母語が第二言語として使用されている状況は、あまり多いとは言えませんが存在しています。典型的な例は、国際機関(ユニセフ・国際連合・大使館など)、多国籍企業、外資企業、最近増えてきた国内大手企業などで英語が社内公用語として使われる場合です。程度の違いはあるかもしれませんが、こうした機関や企業においては、勤務時間は英語に囲まれた生活になるのは言うまでもありません。おそらく帰宅後も、メール、書類、読書などで相当な時間、英語を使って過ごすことになるかもしれません。このような日本人にとっては、英語はもはや外国語というよりは、第二言語という役割を果たしていることになります。

　すなわち、私たちがどのようにことばを習得し、日常生活の中でどのよう

にことばと関わるかという観点から考えると、ことばは、母語(第一言語)、第二言語、外国語の3種類に分類できるのです。

表 2.1　3種類のことば

	自然習得	日常生活での使用
母語	＋	＋
第二言語	－	＋
外国語	－	－

2.1.2　母語・第一言語

　私たちが最初に習得することばは、**母語**(native language, mother tongue)または**第一言語**(first language)と呼ばれます。私たちは生まれた環境で話されていることばを母語として、特に体系的な教育を受けなくても自然に習得します。これは一般には親の話していることばですが、家庭で使われていることばと子どもが出会う外の世界で使われていることばが異なる場合には、子どもが接する頻度の高い方のことばが母語として定着します。例えば、海外赴任をしている日本人家庭の子どもの言語習得を考えてみるとわかります。両親は家の中では日本語を使いますが、現地の学校に入学した子どもは友だちと話す時に使うことばの使用頻度の方が高くなり、現地のことばを母語として習得することになります。このような家庭で子どもが2人以上いると、子ども同士は現地語で、親とは日本語で、それぞれ話すという現象がみられます。

　母語というのは、体系的に教育されるわけではなく、子どもの時にいわば自然にしかも比較的短期間に習得したことばです。したがって、ほとんど自動的に、意識されることもなく使われています。私たちの身体の一部のような感覚で使われていると言ってもよいでしょう。

2.1.3　第二言語

　では**第二言語**(second language)として、あることばを習得するとはどういうことなのでしょうか。第二言語とは、母語を習得した後に、学校教育など

を通して体系的に習得した言語で、しかもその言語を日常生活の中で頻繁に使用しているという環境がある場合です。例えば、公用語として複数の言語が指定されている国では、母語の他にもう1つのことばを学校や社会生活で使用することがあります。あるいは、方言の違いが際立っている言語では、方言を母語として習得した後で共通語を第二言語として習得することがあります。いずれの場合でも、第二言語の習得には、母語に比べ長い時間がかかります。日常的に頻繁に使用する機会があるため、第二言語にだんだん慣れてくると、母語を話す時と似た感覚で、つまり自動化され身体化されたことばとして口からでるようになります。しかしながら、語彙や文法については、第二言語が母語と同一のレベルに達することは極めて稀だとされています。

2.1.4 外国語

3番目のことばは**外国語**(foreign language)です。母語からは最も遠いところにあります。自然に習得したことばではなく、学校教育などを経て体系的に学んだことばです。また、その使用もかなり限定されています。日常生活で頻繁に使われることは稀で、そのことばが使われている国や地域へ旅したとき、またはそのことばを話す人が周りにいるときに限られます。使用頻度が少ないので、外国語はいつも意識的に使うことが多くなります。

2.2 3種類の英語

今までに述べたことばの3つの種類は、英語との関わり方を考える上で参考になります。前節では、日本語を母語とする者がどのように英語と関わるかという例で説明しましたが、次に、世界各地で英語がどのように話され、また、使われているかについて3種類のことばを鍵に考えてみましょう。

Kachru(1992)によれば、母語として英語を話す地域は **Inner Circle**(内側の輪)、第二言語として話されている地域は **Outer Circle**(外側の輪)、外国語として使われている地域は **Expanding Circle**(拡大しつつある輪)と呼ばれています。

図 2.1　英語を母語、第二言語として使っている国々[1]
（マクラム他著, 岩崎他訳, 1989, p.50 参照）

2.2.1　母語英語と Inner Circle の国々

　図 2.1 が示すように、英語を母語として話す人々が暮らす Inner Circle の国々は、イギリス、アメリカ合衆国、カナダ、オーストラリア、ニュージーランドです。

　現代英語は、古英語、中英語を経て、イングランド中西部で発達し、現在のイギリス英語となったとされています。17 世紀半ばにアメリカ大陸への移民によってイギリス英語はアメリカに渡り、ネイティブ・アメリカンの人々や、ヨーロッパ、アジア、アフリカからアメリカへ渡った移民のことばからも影響を受けながら現在のアメリカ英語へと発展しました。18 世紀後半には、当時のイギリスの服役囚の流刑地としてオーストラリアが選ばれ、英語がオーストラリアへ伝搬しました。ほぼ同時期に、イギリスからニュージーランドへの移民も始まりました。

　このように、母語英語は人の移動によって、イギリスからアメリカ大陸およびオセアニア大陸に伝えられたところに特徴があります。移民した人々がイギリスのどのような地域やどのような社会階層に属していたかということも、これらの新世界の英語に影響を残しています。もちろん移民先の現地の

人々のことばや風物、自然現象や文化的慣習からの影響も否めません。また、移民して建国した国々が歴史的にイギリスとどのような関係を築いてきたかということも英語の発達に影響しました。このような複合的な要因によって、一口に母語英語と言っても、それぞれに多少異なる英語の変種(varieties of English)として現在まで発達してきたのです(詳しくは、第3章および第4章参照)。

2.2.2　第二言語としての英語と Outer Circle の国々

　第二言語として英語を使っている Outer Circle の国や地域は、図2.1に示したとおりアジアやアフリカに多く、それらの国々はもともとイギリスやアメリカの植民地だったことがわかります(表2.2)。また多くが、現在も**イギリス連邦**(The Commonwealth of Nations)と呼ばれる機構に属し、旧宗主国との関係を親密に保持しようとしています。

表2.2　主な Outer Circle の国々 [2]

国名	英語の位置づけ	旧宗主国	英連邦加盟の有無
インド	準公用語	イギリス	有
パキスタン	公用語	イギリス	有
シンガポール	公用語	イギリス	有
マレーシア	公用語では無いが広く話されている [3]	イギリス	有
フィリピン	公用語	アメリカ	無
ガーナ	公用語	イギリス	有
ケニア	公用語	イギリス	有

　これらの国や地域では、現地語と並列して英語が公用語または準公用語として使用されています。したがって、そのような国では、公式文書が現地語と英語の二ヶ国語併用で書かれていたり、学校教育でも英語の教育に力を入れていたり、また、行政、外交、経済、商業など日常生活のさまざまな面においても英語に接する機会が非常に多いのです。

歴史的にみると、これらの国々は第二次世界大戦後の 20 世紀半ばに独立を果たしました。いわゆる支配階級や富裕層に属する国民の間では、旧宗主国のことばである英語に対する関心が高く、その教育に熱心であると言われています。政治や経済の指導者たちの多くが英米への留学経験者だったり、若年層から英語で教育を受けていたりします。

　これらの国々で話されている英語には、その地域独特のアクセントがあります。語彙や用法、文法的にも現地語の影響がみられ、いわゆる母語話者の英語とは違うバラエティに富んでいます。歴史的にある程度長い期間、日常的に使われるうちに、英語の現地化が起こり、その地域の文化にそまって変容していくと考えられます。このプロセスがもう少し進むと、その地域独特の英語変種として、人々に知られるようになります。例えば、シンガポールやインドの英語がそのよい例です。

　グローバル化が進み、国際共通語としての英語の地位が高まるにつれ、英米によって植民地化された国々ではなく、まったく別の国や地域でも英語の「第二言語化」が起こっています。その典型例がスカンジナビアの国々（ノルウェイ、スウェーデン、フィンランド、オランダ、デンマークなど）です。それぞれの国では、母語人口が比較的少なく、社会・経済活動に英語がかかせないので、こうした第二言語化が起きたとされています。幼少時から英語教育が始まり、国民の多くが英語を話すことができると言われています。高等教育も、現地語と英語の両方で行っている大学が多いという現状もあります。スカンジナビアの大部分（フィンランドを除く）の国の母語は、英語と同じインド・ヨーロッパ語族に属しているとはいえ、これらの地域では買い物や道案内などが英語で自然に行われ、タクシーの運転手が英語で対応できるなど、すでに英語が第二言語として使われる傾向にあるのかもしれません。

2.2.3　外国語としての英語と Expanding Circle の国々

　第 3 のカテゴリーは、外国語としての英語を国際共通語として使っている Expanding Circle の国々です。日本をはじめとして、（旧イギリス・アメリカ植民地を除く）アジアの多くの国々では、英語は外国語として教育され、国際会議、国際ビジネスはもとより、観光や人的交流など日常生活でも

使われ、いわばアジアをつなぐ国際共通語として重要度を増しています。

また、ヨーロッパでも英語は最も高頻度で使われることばとなっています。欧州連合（EU）は**多言語主義**（multilingualism）をとり、23 言語を公用語に指定し、すべての文書をこれらの公用語に翻訳していますが、2005 年の調査では、母語話者を除く 40％に近い数の EU 市民が、英語を第二言語として使用し、50％を上回る市民は英語を外国語として話せると答えています。また、80％に近い EU 市民が英語を子どもに学習させるべきだと考えているというデータもあります（European Commision, 2006）。

このような Expanding Circle の国や地域では、現地語を話さない外国人とのコミュニケーションに英語が使われます。その際の外国人は、英語の母語話者の場合もありますが、圧倒的に、非母語話者（第二言語話者および外国語話者）であり、人々の交流の頻度、地域、数が大幅に増加する昨今、これからの英語を考える上で、国際共通語としての英語の重要性が益々高まることは想像に難くありません。

2.3　World Englishes（世界諸英語）

上述したように、一口に英語と言っても実に色々な種類の英語があり、母語話者の話す英語だけが「本物」の英語ではないということがわかります。

第 1 章でも述べましたが、英語の母語話者数は約 3 ～ 4 億人、第二言語話者数は約 14 億人というデータがあります。これに外国語として英語を話す者の数を加算すれば、非母語話者として英語を話す者の数は少なく見積もっても 10 数億人はいると予想されます。

ここから次のようなことが類推できます。第 1 に、母語話者同士が話すより、非母語話者同士が話すときに英語が使われる頻度の方が圧倒的に高いという点、第 2 に、非母語話者の英語が多量に流通すると地域ごとに独自の英語を形成していくという点です。

2.3.1　英語の普及と変容

英語を「第二言語」として使用している Outer Circle の国々では、植民地

時代から長い間英語が使われてきているので、それぞれの社会・文化を反映し、また現地語の音韻、語彙、文法の影響をうけた「脱英米化」した英語が使われているという現状があります。

英語を「外国語」として学習し、外国人とのコミュニケーションに使っているExpanding Circleの国々でも、初等・中等教育から英語教育が実施されているところが多く、のちのち進学や就職などに有利に働くことと相まって、人々は英語の重要性を認識するに至ります。さらに実社会では、世界的な規模で経済が動き、人々が交流し、メディアの波が押し寄せてきます。こうした社会状況の中では、外国語としての英語ではあっても、それを使う頻度は日々増していき、それぞれの地域で話されていることばの影響を色濃く受けた独自の英語として現地化していくことになります。

すなわち、Outer CircleにおいてもExpanding Circleにおいても英語の普及にしたがって、脱英米化が起こり、現地化した多様な英語の変種が形成されていることがわかります。

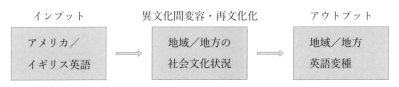

図 2.2　英語の普及と変容のプロセス
（本名, 2013, p.8）

図 2.2 が示すとおり、政治的にも教育的にも英語普及のインプットとされるのは、規範として機能している「母語英語」、特にアメリカ英語とイギリス英語です。現地の社会文化や言語との接触により現地化し、その文化的特徴を反映して、英語は再文化化（reculturalization）されることになります（本名, 2013, p.8）。ここに生み出されるのが各地独特の英語変種（varieties of English）です。つまり世界中に多様化した英語変種があるのです。これらを総称して、**World Englishes**（世界諸英語）と言います。本来単数扱いであったEnglishという単語をあえて複数形で用いているところに、この名称自体が英語ということばの変容そのものを象徴していることがうかがえます。

2.3.2　世界諸英語の基本概念

では**世界諸英語**という考え方にはどのような意味合いがあるのでしょうか。繰り返し述べてきたように、世界諸英語は母語英語とは違い、非母語話者の話す英語です。非母語話者の中には熟達している人もいれば初心者もいます。英語を話す人々の多い国もあれば、少ない国もあります。現地語の影響を強く受けた英語もあれば、あまり影響を受けなかった英語もあります。これらの英語を包括する世界諸英語という考え方は、現地化して世界各所で話されているさまざまな英語に優劣をつけることなく、みな平等だと捉えようという理念だと解釈することができます。例えば、日本人が話す英語は日本語の影響を色濃く受けた英語ですが、それが理由で劣等感を感じる必要は全くないのです。

非母語話者同士が英語を使って話す機会が増えれば増えるほど、英米の母語文化に対する知識をことさらに意識する必要がなくなります。つまり、世界諸英語は英米文化から切り離して運用することができると言えます。英語文化そのものよりも、コミュニケーションにたずさわる話し手や聞き手に焦点がおかれ、参与者の文化や社会の方が優先されます。また参与者がお互いの文化を知らなくても、どのぐらい柔軟な思考や行動をとれるか、どれだけわかりあえるかということが大切になります。

世界諸英語というのは理念であり、同時にすぐれて現実的な世界各地の英語の姿です。この考え方の大切なところは、もはや「英語は母語話者のものだけではない」ということに気づかせてくれるところです。英語は「私たちのことば」になったのです。

2.4　シンガポールの英語

最後に、現地化した世界諸英語の一例として、シンガポールの事例を紹介します。「シンガポール口語英語」は**シングリッシュ**（Singlish）と呼ばれ、シンガポール人のアイデンティティを表すことばとなっています。しかしながら、現地化があまりに進み、他の英語を話す人々に通じなくなってしまったのです。世界諸英語と「通じる英語」との乖離について考察することを通し

て、国際共通語としての英語とはどんな特徴を必要とするのかについて考えてみましょう。

2.4.1　歴史的背景

　シンガポールは、戦後 1965 年にマレーシア連邦から追放されるかたちで分離、独立した都市国家です。多民族国家でもあり、中国系を主として、マレー系、インド系の人々が暮らしています。英語は 4 つの公用語（英語、マレー語、標準中国語、タミル語）の 1 つとされ、また、国民統合の言語（language for national unification）とみなされています。つまり、多民族間の国内共通語という位置づけが与えられているのです。母語話者が多い福建語や広東語を共通語とするのとは違い、英語を共通語としていれば、多数派の優遇や少数派の排斥にはならず、共通語の中立性が保てるからです。

　シンガポールでは、それぞれの民族の母語＋英語という二言語政策が進められ、英語の役割が最重要視されてきました。ビジネス、政治などの分野では、建国当時から英語が広く使われ、政府発行の公文書は、基本的に英語です。

　1980 年代になるとこの傾向がさらに推し進められ、初等・中等教育がすべて英語で行われるようになり、英語は家庭・学校・職場など、あらゆる場所で話されるようになったのです。

2.4.2　シンガポール口語英語の特徴

　シンガポールはかつてイギリスの植民地だったので、イギリス英語の影響（特につづり）を受けていますが、人口の大部分を構成するのは中国系の人々なので、中国語（北京語）、広東語、福建語の影響も見逃せません。また地理的に近いマレー語、タミル語、加えて貿易、観光、メディアを通じてアメリカ英語、オーストラリア英語の影響もみられます。

　シンガポール英語は、**シンガポール標準英語**（Standard Singaporean English）と**シンガポール口語英語**（Colloquial Singaporean English）に大別されます。ここでは、特に後者のシンガポール口語英語（シングリッシュ）の特徴について発音、語彙、文法という観点から表 2.3 〜 2.5 にまとめました。具体

例をみると、シンガポール口語英語の現地化がかなり進んでいる状況が理解できます(cf. Maley, 1997)。

表 2.3　シンガポール口語英語の特徴(発音)[4]

分類	特徴	説明	例
子音	破裂音 (ptkbdg)	語尾の促音化、促音の前の母音の短母音化	/wɔnʔ/=want; /nɔʔ/=not; /pɔrʔ/=pork
	子音連続	2番目の子音が発音されない	/jʌs/= just; /ɑs/=ask; /prɔdʒek/=projects
	/θ/ /ð/	/t/ または /d/ で代用	/tɪŋ/=thing
母音	語尾母音	長母音化	/kwɔliti:/=quality, /ʃɔpi:ŋ/=shopping
強勢 (stress)	母語英語の規則に従わない	第2音節から第1音節へ移動	/spésɪfɪc/=spəsífɪk, /í:kənəmɪk/=ɪkənɔ́mɪk

表 2.4　シンガポール口語英語の特徴(文法)

分類	特徴	説明	例
動詞	Be 動詞の脱落	連辞(copula)として使用される be 動詞が省略される	"I very scared."
	Be 動詞の挿入	個々の動詞を活用させるのではなく、時制を表す標識として be 動詞を使用	"I *was* study in primary school."
中国語からの転移	"lah"(啦)の使用	文尾に "lah"(啦)(日本語終助詞「ね、よ、さ、ぞ」に相当)を付け、打ち解けた雰囲気を伝える	"Hurry up, *lah*!"
	疑問文に "x or not" を付加		"Curry gravy, *want or not*?" "You speak English, *can or not*?"
反復による強調	独特な反復の仕方	意味内容を強調	"*Can, can*!"(できますよ！) "*Ting, ting and ting*."(考えに考えに、考え抜いた)

表 2.5 シンガポール口語英語の特徴（語彙）

分類	特徴	例
他言語からの借用語	福建語	"Why are you so *kiasu*?" （kiasu＝他人に負けたくない気持ち）
	広東語	*Tai-Tai*＝おばさん *Chio Bu*＝かわいい女性 *Siao*＝バカ
	マレー語	*Jalan-Jalan*＝散歩する "It's *makan* time."（makan＝食べる） *Alamak*＝あらあら
品詞の転用	動詞→形容詞	"So tiring, lah! I feel so *blur*, you know."
	名詞→動詞	"That fellow always like to *action*, walking around with his Rolex over his shirt sleeves."（action＝見せびらかす） "I was *arrowed* to paint this wall."（arrow＝意に染まないことを強要する）
独自の語法		"I just go *zap* (=photocopy) this article."

2.4.3　現地化する英語と国際共通語としての英語

　シンガポール口語英語は、上述のように独自の現地化をとげ、シンガポール人のアイデンティティを体現する国内共通語として現在も使用されています。例えば、国立シンガポール大学の学生たちが制作したドキュメンタリー[5]がありますが、このフィルムでは、シングリッシュの現状を伝えるだけでなく、いかにシングリッシュが自分たち自身を表現することばとして浸透しているのかを物語っています。

　しかしながら、標準英語からあまりに乖離し、外国人に通用しなくなってしまったという反省から、シンガポール政府は 2000 年に "Speak Good English Movement" とよばれる運動を開始し、学校教育を皮切りに職場や社会全体で「正しい英語」（特に文法的規範に従った英語）を教え、普及させることにつとめています[6]。

　英語が母語英語とはかけ離れたかたちに発展していき、さまざまな変種をつくるということをシングリッシュは例示していますが、同時に、このような英語が世界のさまざまなところに生まれると、今度は、そうした変種間の

相互理解をどのように担保するのかが課題となります。多国間・多文化間のやりとりを可能にする英語とはどのような条件をそなえたものでなければならないのでしょうか。

　もちろん選択肢の1つとして母語英語を共通語として使うという考え方があります。英語の世界伝搬のうねりや世界諸英語の出現に逆行するかのようにもみえますが、教育の分野では依然として母語英語モデルへの信頼は根強く、ほとんどの資格試験も母語英語を規範として作成されています。

　一方、**国際共通語としての英語**（English as a Lingua Franca, 略称 ELF）という考え方の根幹にあるのは、**わかりやすい英語**（Intelligible English）とはどのような英語なのかを定義し、それを啓蒙しようという態度です。詳しい議論は最終章に譲りますが、**国際共通語としての核**（Lingua Franca Core）として、どのような特徴を備えていることが重要かについて、すでに音韻論の分野ではある程度の方向性が示されています。語彙については、おそらく地域文化の影響をどのように取捨選択していくかが主要課題になるでしょう。規範的な母語英語の影響下にあるのは文法です。前述のシンガポールの例でも「文法的に正しい」英語を再教育しようとしています。どの程度の文法的正しさが**わかりやすさ**（intelligibility）を担保するのかを特定するには、単に文の構造という問題だけでなく、コミュニケーション上の問題も考慮する必要があり、複雑です。

まとめ

　本書では、母語英語を相対化して捉え、世界諸英語を話す自分たちにひきつけて学習内容をチェックして欲しいという狙いをもって概論を展開します。同時に、国際共通語としての英語では、何が核として重要になるのかについても、頭の片隅に置きながら議論を進めることにしましょう。

練習問題

1. 「母語」、「第二言語」、「外国語」、それぞれの特徴をまとめてみましょう。
2. 日本語が今日の英語ほど世界の多くの国や地域で話されていないのは何故でしょうか。Inner Circle、Outer Circle、Expanding Circle の説明をもとに考えてみましょう。
3. Outer Circle の国々で話されている英語の特徴についてまとめてみましょう。
4. シンガポールの事例から、World Englishes の長所と短所について考えてみましょう。

注

1 引用元のマクラム他著、岩崎他訳 (1989, p.50) では「ギアナ」と記載されているが、これは植民地時代の呼び方である。現在はガイアナ共和国となり、「ガイアナ」が通称。
2 表 2.2 に未掲載の国々には、バングラディッシュ、スーダン、タンザニア、ザンビア、南アフリカ、ナイジェリアなどがあります (McCrum et al., 1987, p.23)。
3 100 年以上続いたイギリスの支配から 1957 年に独立したマレーシアでは、独立にともない、マレー語を「国語」と定めました。ただし、当時の憲法では、独立後 10 年間は英語も「公用語」とすることが定められていました。1970 年代以降、民族主義の高まりも相まって教育のマレーシア語化が進められましたが、90 年代中葉からは再び英語重視の教育が行われるようになっています (田嶋・河原, 2006, pp.63–65 参照)。「国語」とは国民国家形成の条件となる国家を代表する言語で、「公用語」とはある共同体において公の場で使用されることが法律で定められている言語をさします。
4 発音記号については、第 12 章で解説します。
5 Vivian Ong "Singlish Documentary" http://www.youtube.com/watch?v=ess4LnyrhQU
6 Speak Good English Movement http://www.goodenglish.org.sg

参考文献

European Commision (2006). Europeans and their Languages. *Special Eurobarometer, 243/Wave 64.3*.

本名信行(2005).『世界の英語を歩く』集英社.

本名信行(2013).『国際言語としての英語―文化を越えた伝え合い』冨山房インターナショナル.

Kachru, B. B. (1992). Teaching World Englishes. In B. B. Kachru (Ed.), *The other tongue: English across cultures*. 2nd ed. (pp.355-365). Champaign, IL: University of Illinois Press.

Maley, A. (1997). I so blur, you know. *IATEFL Newsletter*, 135, 16-17.

マクラム, R.・クラン, W.・マクニール, R. (1989).『英語物語』(岩崎春雄ほか・訳). 文藝春秋.［原著：McCrum, R., Cran, W., & MacNeil, R. (1987). *The story of English*. London: BBC Books.］

田嶋ティナ宏子・河原俊昭(2006).「マレーシアの英語」河原俊昭・川畑松晴(編)『アジア・オセアニアの英語』(pp.61-78)めこん.

推薦図書

本名信行・田嶋ティナ宏子・榎木薗鉄也・河原俊昭(編著)(2002).『アジア英語辞典』三省堂.

本名信行(2006).『英語はアジアを結ぶ』玉川大学出版部.

奥村みさ・郭俊海・江田優子ペギー(2006).『多民族社会の言語政治学―英語をモノにしたシンガポール人のゆらぐアイデンティティ』ひつじ書房.

竹下裕子・石川卓(編著)(2004).『世界は英語をどう使っているか―〈日本人の英語〉を考えるために』新曜社.

田中春美・田中幸子(2012).『World Englishes―世界の英語への招待』昭和堂.

鳥飼玖美子(2011).『国際共通語としての英語』講談社.

矢野安剛・池田雅之(編著)(2008).『英語世界のことばと文化』成文堂.

第 3 章　母語英語の特徴(イギリス英語、オーストラリア英語)

はじめに

　母語として話されている地域にしたがって、英語には、**イギリス英語**(British English)、**アメリカ英語**(American English)、**カナダ英語**(Canadian English)、**オーストラリア英語**(Australian English)、**ニュージーランド英語**(New Zealand English)という**変種**(variety)があります。言うまでもなく、イギリス英語から分かれた英語の変種ですが、地域的に、ヨーロッパ、北米、オセアニアという大きな 3 つのグループに分けることができます。本章では、イギリス英語およびその影響が色濃く残っているオセアニアの英語について、成立の歴史、音韻、語彙、文法、語用を手がかりに、特徴を考察します。

3.1　イギリス英語の歴史

　イギリス英語は、ブリテン島がいくつもの民族によって侵略された結果生じた、「ハイブリッド言語」[1]です。図 3.1 のとおり、英語は歴史的には**古英語**(Old English)、**中英語**(Middle English)、**近代英語**(Modern English)、**現代英語**(Present-day English)に分類されますが、古英語時代には、ゲルマン民族やバイキングが、中英語時代にはノルマン人が侵略し、語彙や文法に大きな影響を与えました。

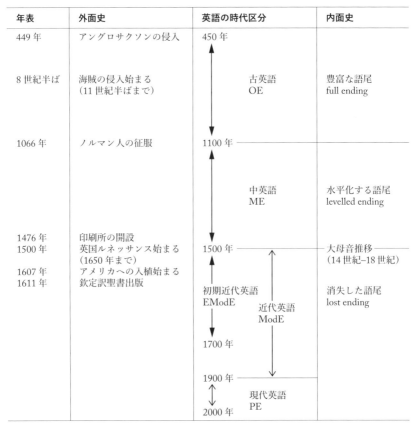

図 3.1　英語史概略年表
（児馬, 1996, p.10）

3.1.1　古英語

　英語の起源と発達には、ブリテン諸島の歴史が大きく関わっています。ブリテン諸島には紀元前 7 世紀ごろ、当時ヨーロッパ大陸の広範な地域に民族移動を繰り返していたケルト人が移り住み、約 600 年を費やしてブリテン諸島をケルト化したと言われています[2]。その後、紀元後 40 年代からほぼ 350 年にわたりブリテン諸島はローマ帝国の支配を受けます。西ローマ帝国が滅亡すると、機を合わせるように、ゲルマン民族が衰退した元ローマ帝国の属州に移動を始め、ブリテン諸島へも渡来します。

英語の起源は、このゲルマン民族の中でも特に勇敢な戦士が多かったアングル、サクソン、ジュートの諸民族が紀元 450 年頃北ヨーロッパ沿岸から侵入したことに始まります。彼らは、ブリテン島の住民らを武力のみならず言語の上でも圧倒し、**古英語**を形成しました。もともと農耕民族だったアングロサクソン人の生活を反映した農業や酪農に関連する語彙(例：ox、sheep、plough、field など)をはじめ、英語の基本とされる語彙(例：the、here、there、make、do、have など)もアングロサクソンに起源をもっています。

さて、8 世紀末から 9 世紀半ばまで、ヴァイキング(デーン人)がイングランドへ来襲し、英語を単純化するという大きな影響を与えることになります。当時の古英語とデーン人の話す古ノルド語(Old Norse)は、いずれも同じゲルマン起源の言語だったので、接触により双方の複雑さが消滅して単純化するという現象が生じたのです。古英語は、他のヨーロッパ言語と同じく、豊富な**屈折語尾**(inflectional ending)をもった言語でしたが、語尾は徐々に**水平化**(leveled ending)し、1 つの形に収斂していきました。

3.1.2　中英語

イギリス英語への最大かつ最後の影響を与えた侵入者は、ノルマン民族でした。1066 年に、ウィリアム公がイングランドを征圧して以来、300 年近くフランス語が公用語になったのです。この侵略は、フランス語の借用という、英語の歴史にとって他のどの事件よりも大きな影響を与えることとなりました。フランス語は、政治、教会、王族など支配階級の言語となりました。また、ラテン語が聖職者など特定の職業や学問の言語として確立していきました。とはいえ、英語の話し手の数は圧倒的な優位を保っていたので、英語は民衆語として生き続けることになります。やがて 1300 年代中盤から 1400 年代中盤までイギリスとフランスとの間に百年戦争が勃発します。戦争は国家への帰属意識を高揚させ、フランス語のかわりに英語を国民の間に取り戻す大きな契機となりました。

この時代、1100 年から 1500 年までの英語は**中英語**と呼ばれています。上述したとおり、多くのフランス語の語彙やラテン語の語彙が流入しました。その結果、英語にはアングロサクソン系、フランス系、ラテン系という 3 つ

の同義語が存在し、それぞれに微細な意味の違いを表現できるようになったとされています。例えば、ask（英語）、question（フランス語）、interrogate（ラテン語）があげられます（詳しくは、第10章を参照）。

　文法的には、すでに古ノルド語との接触により語尾の水平化が起きていましたが、中英語ではこれが確立します。文法関係（主語や目的語）は屈折語尾で表現されるのではなく、語順によって表現されるという現代英語に通じる特徴もみられます。

　古英語の時代、英語についての記録は口承や地名などに頼らざるをえませんでしたが、中英語は書きことばとして残存しています。特にこの時代を代表する詩人の**ジェフリー・チョーサー**（Geoffrey Chaucer, 1343–1400）は「英詩の父」と呼ばれ、『カンタベリー物語』[3]を著したことで有名です。作中に登場するさまざまな階級の人々や色々な職業の語り手の語り口には、中英語のバラエティが見事に表われていると言われています。

　中英語の時代が終わろうとする1400年半ば頃、ヨハネス・グーテンベルグ（Johannes Gutenberg）が発明した印刷術がドイツからイギリスに伝わり、1476年にはウィリアム・キャクストン（William Caxton）がロンドンに印刷所を開設しました。活字本は、単に手書き写本と比べ時間を節約し、一度に沢山刷れるという効率化を実現しただけではありませんでした。一方で、英語の綴りの固定化という言語にとって重大な役割も担っていたのです。キャクストンはロンドンを中心として南東部の英語を再現しようとしたので、英語の綴り字は当時のロンドン英語の発音を反映することになりました。

3.1.3　近代英語

　古英語から中英語への移行は、ノルマン人の征服という軍事的政治的出来事がきっかけとなり主として語彙の面で顕著な変化がみられましたが、中英語から**近代英語**への移行は、音韻の面で起こりました。14世紀から18世紀にかけて英語の母音の発音が大きく変わったのです。この変化は、**大母音推移**（Great Vowel Shift, GVS）と呼ばれ、英語史上最大の音変化とされています。現代英語の綴り字と発音の不一致はこの推移に起因していると言われています。

大母音推移には3つの特徴があります。第1に、語の中でその母音の前後にどのような音が来るかとは関係なく起きた音変化であること。第2に、**強勢**のある**長母音**に起こった変化であること。そして第3に、表3.1に示すように口腔内の調音点の位置が低いところから高いところへの変化、あるいは二重母音化であることが指摘できます。

表 3.1　大母音推移の例
（寺澤, 2008, p.105 参照）

中英語 1100–1500	初期近代英語 1500–1700	現代英語 1900–	例
iː	eɪ → ʌɪ	aɪ	child、mind、nice、wise
eː	iː	iː	feet、keep、see、belief
ɛː	ɛː → eː	eɪ または iː	break、great、steak cheap、meat、sea、speak
aː	æ → ɛː	eɪ	date、hate、name、take
uː	ou → ʌu	au	cow、house、mouse、tower
oː	uː	uː	food、mood、moon、tooth
ɔː	ɔː → oː	ou	goat、home、old、stone

　発音がこのように変化を遂げていった時代は、ヨーロッパでルネッサンスが起こりイギリスに伝わってきた時代と重なります。学術用語を中心にラテン語やギリシャ語が、以前のようにフランス語を経由することなく、直接借用されるようになります。特に古典の復興などの文芸の影響に加え、医学、物理学、天文学などの新発見や新発明によって必要となった新造語はラテン語およびギリシャ語に依存していました。

　しかしながら、近代英語の確立の二大源泉となったのは、**ウィリアム・シェイクスピア**（William Shakespeare, 1564–1616）と**欽定訳聖書**（King James Bible）(1611)だと言われています。

　シェイクスピアはイギリスのルネッサンスが生んだ世界的文豪ですが、英語の発展という観点からみても、その生涯に生み出した多くの悲劇、喜劇、史劇、詩などを通して、多大な影響を及ぼしました。作品が上演されるだけ

でなく、印刷され書物の形で保存され後世に伝えられたことは、英語にとって非常に幸運なことだったと言えるでしょう。シェイクスピアの語彙は 25,000 〜 30,000 語と言われ、新造語や自由闊達な語彙の使用に特徴があります。表 3.2 にその一部を示しますが、今なお日常生活で使われている語句の中には、シェイクスピアによって作られたものが沢山あることがわかります。

シェイクスピアが豊富な語彙を使いイマジネーションに富む多数の傑作を世に送り出したのに比べ、聖書の欽定訳は格調があり、良い響きをもった平易な英語を使い、万人に神の教えを説くという目的で翻訳されました。使用語彙数は 8,000 語程度だとされています。表 3.3 に示すとおり、今では現代語訳が出版されているわけですが、欽定訳聖書は現在でもなお世界中で重んじられています。英語母語圏の国々は主としてキリスト教の文化圏でもあり、聖書の英語が大衆の日常語に与えた影響ははかり知れません。

古英語から中英語を経て水平化されていた名詞や代名詞の屈折語尾は、近代英語の時代には消失していきます。動詞も複雑に活用していたものが、単純化され、助動詞や進行形などが発達します。屈折語尾の変化の一例として、二人称代名詞の変化を表 3.4 に示します。

表 3.4 からも明らかなように、近代英語でさえも二人称代名詞は単複別々の形をしており、しかも格によっても異なる形をとっていたことがわかります。単数の thou、thy、thee は（身分の高い人が低い人へ、非常に親しい間柄の人同士で）親称として、ye、you は（身分の低い人が高い人へ）敬称として使用されていました。しかし、やがて元々は二人称複数代名詞だった you、your がもっぱら単数でも用いられるようになりました。これは、複数形の方が相手を特定するわけではないので、間接的な用法となり丁寧な言い方とされるためだと考えられています。

17 世紀半ばまで人口 700 万人たらずの農業国だったイギリスはその後の 150 年のあいだに近代的工業国として発展し、北米、アジア、アフリカなどの国々を次々と植民地化し、世界の人口の 4 分の 1 を支配していました。植民地へと英語が広がっていくことによって、現地のことばとの接触が起こり、新しい風物や自然を描くために造語が作られ、益々バラエティに富んだ

表 3.2 シェイクスピアからの引用句

語句	意味	出典
It's Greek to me.	ちんぷんかんぷんだ。	*Julius Caesar*
salad days	青二才	*Anthony and Cleopatra*
green-eyed jealousy green-eyed monster	緑色の目をした嫉妬 緑色の目をした怪物	*The Merchant of Venice* *Othello*
more in sorrow than in anger	怒るよりも悲しんで	*Hamlet*
Wish is father to the thought.	願っているうちにそのような考えになる	*Henry IV*
too much of a good thing	ありがた迷惑	*As You Like It*
a foregone conclusion	はじめからわかりきったこと	*Othello*
It's high time.	そろそろ時間だ。	*The Comedy of Errors*

表 3.3 有名な聖句

King James Version (1611)	New International Version (1984)	新共同訳（日本聖書協会, 1987）	出典
In the beginning was the Word, and the Word was with God, and the Word was God.[4]	In the beginning was the Word, and the Word was with God, and the Word was God.	初めに言があった。言は神と共にあった。言は神であった。	John 1: 1
But I say unto you, That ye resist not evil: BUT whosoever shall smite thee on thy right cheek, turn to him the other also.	But I say to you, Do not resist an evildoer. But if anyone strikes you on the right cheek, turn the other also.	しかし、わたしは言っておく。悪人に手向かってはならない。だれかがあなたの右の頬を打つなら、左の頬をも向けなさい。	Matthew 5: 39
And as ye would that men should do to you, do ye also to them likewise.	Do to others as you would have them do to you.	人にしてもらいたいと思うことを、人にもしなさい。	Luke 6: 31
Thou shalt love thy neighbour as thyself.	You shall love your neighbour as yourself.	隣人を自分のように愛しなさい。	Matthew 22: 39
And now abideth faith, hope, charitie, these three; but the greatest of these is charitie.	And now these three remain: faith, hope and love. But the greatest of these is love.	それゆえ、信仰と、希望と、愛、この3つは、いつまでも残る。その中で最も大いなるものは、愛である。	I Corinthians 13: 13

表 3.4　英語二人称の歴史的変化
（寺澤, 2008, p.117）

	古英語	中英語	近代英語	現代英語
〈単数〉				
主格	þū	þ(o)u、thou、ye	thou、ye、you	you
属格	þīn	þi(n)、thi(n)、your	thy、thine、your	your
与格（〜に）	þē	þe、thee、yow	thee、you	you
対格（〜を）	þē	þe、thee、yow	thee、you	you
〈複数〉				
主格	gē	ye	ye、you	you
属格	ēower	your	your	your
与格（〜に）	ēow	yow	you	you
対格（〜を）	ēow	yow	you	you

属格は限定（形容詞）用法のみを挙げてある。古英語の二人称両数代名詞 git（あなたたち 2 人）は割愛してある

ものになっていきました。やがてイギリスでは辞書が編纂され、学校文法が確立し、規範としてのイギリス英語を整えていく時代となりました。

3.1.4　現代英語

20 世紀以降の英語は、**現代英語**（Present-day English）と呼ばれ、今私たちが知っている英語です。イギリスの世界覇権に従い、さまざまな言語から新しい語彙が英語に流入しました。2 つの世界大戦によってアメリカの覇権がゆるぎないものとなり、アメリカ英語が世界を席巻します。特に、アメリカで製作された映画やテレビ、広告などが全世界に進出し、イギリス英語にも影響を与えるようになりました。と同時に、今やインターネットやソーシャルネットワークを通じて、瞬時にグローバルレベルでコミュニケーションが可能な時代です。英語母語話者であっても、毎日異なる英語変種にさらされて生活しているというのが偽らざる姿なのではないでしょうか。

3.2 現代イギリス英語の特徴

3.2.1 使用地域

イギリス英語は、連合王国（イングランド、ウエールズ、スコットランド、北アイルランド）の公用語であると同時に、大多数のイギリス連邦諸国で使用されている英語の発音・語彙・スペリング[5]の基準とされている言語です。ただし、カナダで使われている英語は地理的な理由から、語彙やスペリングはイギリス英語とアメリカ英語の混合で、発音はアメリカ英語との共通点が多いとされています。

3.2.2 方言と標準語

イギリス英語には、大別して、**地域方言**（regional dialects—地域による変種）と**社会方言**（social dialects—社会階層や社会集団による変種）があります。地域方言は、イングランド、スコットランド、ウエールズ、アイルランドに大別されますが、特にイングランド地方では、イングランド北部、イングランド南部、ミッドランド、ロンドンなどのように地域によってさらに分類されています（第5章を参照）[6]。

イギリス英語の標準語は、書きことば（特に文法と語彙）という点では、ブリテン島全域にわたって使用されている「教育のある人々の方言」をさしています。学校教育やマスメディアで使用されている方言で、ある特定の社会階層に限定されているわけではありません。ところが、発音については、社会方言のうちの上流階層の方言が認められているというユニークな特徴があります。専門的には、Received Standard English（容認された標準英語）と言いますが、この発音のことは**容認発音**（Received Pronunciation, RP）と呼ばれます。King's English（Queen's English）、BBC English とも呼ばれており、公共放送（BBC）の標準となっている英語です。王室・貴族をはじめとする上流階級、パブリック・スクール（英国の私立中等学校）やケンブリッジ大学、オックスフォード大学出身者が話す英語がこれにあたります。しかしながら、1960年代以降その使用が失われる傾向にあり、BBCもドラマやバラエティなどで各地の方言による放送を始めています。現在、RPの話者はイ

ギリス人口の約 2 〜 3％と言われています。

　外国語教育でイギリス英語を教える場合の教材は、一般には RP で作られています。以下にイギリス英語の発音の特徴を述べますが、まず RP を基準に説明します。

3.2.3　イギリス英語の発音

　イギリス英語の**容認発音**（RP）で顕著にみられる特徴について、アメリカ英語と比較しながら説明します。第 1 に、母音の後（音節の最後）にくる /r/ を発音しない（**non-rhotic**）という現象です（例：car /kɑː/、hard /hɑːd/、four /fɔː/、water /wɔːtə/）。母音の後に /r/ をもつ単語は沢山ありますから、大変目立つ特徴となるわけです。次に母音の発音ですが、/t/、/p/、/k/ などの前に出現する "o" 音が /ɒ/（アメリカ英語では、/ɑ/）になることがあげられます（例：got、hot、not、top、pocket など）。同様に /f/、/s/、/θ/、/ð/、/z/、/v/ または母音の前に出現する "a" 音が /ɑː/（"**broad /ɑ/**" と言います。アメリカ英語では /æ/ の発音）になります（例：after、avenue、bath、can't、castle など）。子音では、母音にはさまれた /t/ の発音に特徴があります。例えば、"water" など母音間の /t/ は前後の母音の影響なく /t/ と発音され、アメリカ英語のように /d/ に近い発音にはなりません（例：better、bitter、butter、bottle、little）。

　イギリス英語の変種の中で注目すべき発音にロンドンの下町労働者階級にみられる**コックニー**（Cockney）の発音があります。それは後に移民によって**オーストラリア英語**へと影響を与えるものなのですが、次のような特徴をもっています。二重母音 /eɪ/ はおしなべて /aɪ/ と発音され、語頭の /h/ は脱落、/θ/ は /f/ で代用します。例えば次の文章 "The rain in Spain mainly stays in a plain."[7] はすべて、/raɪn/、/spaɪn/、/maɪnlɪ/、/staɪz/、/plaɪn/ のように、"In (H)ertford, (H)ereford, and (H)ampshire, (h)urricanes (h)ardly ever (h)appen." は、カッコ内が脱落し、"think" は /fɪŋk/ となるのです。

　もう 1 つ発音という点で現在言語学者の注目を集めているのは、**河口域英語**（Estuary English）という変種です。1980 年前後からテムズ川の河口域で使われるようになったのでこの名がついていますが、現在では使用域が拡

大しています。発音という点では、コックニーと RP の中間的な特徴をもっていると言われています。例えば、/eɪ/ は /aɪ/ と発音される傾向がありますが、語頭の /h/ が脱落することはありません。語頭以外の /l/ が母音化し、"milk" が /mɪuk/、"able" が /aɪbu/ のように発音されます。また、母音にはさまれた /t/ や語尾の /t/ を声門閉鎖音 /ʔ/ で発音し、"water"/wɔːʔəʳ/、"a lot of"/ə lɒʔ əv/ のようになります。

河口域英語は、現在では BBC 放送でも取り入れられており、王室関係者や元首相の英語にも一部その特徴がみられると言われています。階級色の強い RP に取って代わる時代が来るかもしれません。

3.2.4　イギリス英語の語彙

一般に知られているように、イギリス英語とアメリカ英語では同じモノをさしているのに違う語彙を使うことがあります。表 3.5 に一部を示しましたが、ヨーロッパ大陸との地理的な関係から、他のヨーロッパ語の用法や語彙の影響がみられるものや、イギリスの日常生活のさまざまな風俗・習慣に由来するものがあります。

表 3.5　イギリス英語とアメリカ英語の語彙の違い

イギリス英語	アメリカ英語	意味
first floor	second floor	2 階
flat	apartment	アパート
petrol	gasoline、gas	ガソリン
underground、tube	subway	地下鉄
return ticket	round-trip ticket	往復切符
bank holiday	public holiday	祝祭日
rubbish	garbage、trash	ゴミ
aubergine	egg plant	ナス
courgette	zucchini	ズッキーニ
crisps	potato chips	ポテトチップス
white coffee	coffee with milk	ミルク入りコーヒー
bill	check	勘定書

3.2.5 イギリス英語の文法

　発音や語彙に比べると、文法についてはイギリス英語とアメリカ英語を比較してもあまり違いがありません。一番大きな違いは、要求、願望、示唆などを表す動詞の構文でしょう。例えば以下の2つの文は同じ意味を表していますが、アメリカ英語では仮定法現在が使用されています。

　　"I demanded/suggested that he should go."（British）
　　"I demanded/suggested that he go."（American）

これは、アメリカ英語の方が古い言い方、つまりイギリス植民地時代の英語を残している（colonial lag）からなのです。

　また、"have"を用いた疑問文や否定文において、アメリカ英語で"Do you have ~?"や"I don't have ~."というところを"Have you got ~?"や"I haven't got ~."という形が用いられます。

　不定詞の用法でも、"come"、"go"、"help"に続く場合、アメリカ英語ではtoが省略され、"Please come see us."のように用いますが、イギリス英語では省略はありません。

3.3　オーストラリア英語

3.3.1　オーストラリア英語の歴史

　1770年は、ジェームズ・クック（James Cook）がオーストラリアを発見した年ですが、本格的に英語がもち込まれるのは、イギリスからの流刑が始まる1788年を待たなければなりません。18世紀後期から19世紀初期、当時のイギリスの都市の人口過密と貧困問題は深刻で、犯罪に手を染める者も多く、監獄も過密化していました。そこで、オーストラリアのニューサウスウェールズ州が服役囚の流刑地として選ばれました。囚人たちはイギリス全土から送られましたが、特にロンドンのコックニーを話す人々の英語が広まったとされています。

　オーストラリアの英語にはアメリカの影響もみられます。19世紀の中頃におきたゴールド・ラッシュの時代には、遠くカリフォルニアからやってきた採掘者たちによってアメリカ英語の表現も多数もち込まれたと言われてい

ます。また、第二次世界大戦中のアメリカ軍が駐屯したこと、戦後のポップ文化、映画やテレビドラマなどの広まりによって、アメリカ英語の影響は現在まで続いています。

3.3.2 オーストラリア英語の一般的特徴

オーストラリア英語にみられる最大の特徴は、話しことばの均質性だと言われています。オーストラリア英語の発音には、人口の3分の1が話す**俗オーストラリア英語**（Broad Australian）、半数を少し超える人々が話し、俗オーストラリア英語よりもなまりの弱い**一般オーストラリア英語**（General Australian）、そして、約10分の1の人たちが話す**教養人オーストラリア英語**（Cultivated Australian）の3種類があるとされています。

ここで興味深い点は、この分類が地域的な差や、階級や職業の違いに対応していないということです。むしろ、発音はジェンダーに左右される傾向にあります。年齢を問わず女性の方が**一般オーストラリア英語**か**教養人オーストラリア英語**を志向するのに対し、男性は**一般オーストラリア英語**または**俗オーストラリア英語**を話す傾向にあると言われています。

3.3.3 一般オーストラリア英語の特徴

オーストラリアへの初期の移住者の間でコックニーが広まったことに起因し、発音はその特徴を色濃く残しています。母音は、/eɪ/ が /aɪ/（例：today /tədaɪ/、eight /aɪt/）、/iː/ が /ɪə/（例：he /hɪə/、me /mɪə/）、/aɪ/ が /ɔɪ/（例：nine /nɔɪn/、height /hɔɪt/）のように発音されます。また /r/ の発音はイギリス英語に似て母音の後では発音されません（non-rhotic）。

語彙や語法については、他の英語圏と地域的に隔絶されていたということも影響し、独特な言い回しが残っています。例えば、outback（remote）、bush（wooded area）、creek（stream、river）などの自然に関する語彙や barbie（barbecue）、cossie/cozzie（swimwear）、footy（foot ball）などのライフスタイルに関する語彙には、オーストラリアらしさをみることができます。

また、上述の"barbie"のように語句を縮めて短くする傾向がみられます。語の第一音節を残し他の音節を省略、語尾の音形を調整し ie をつける

のです（例：Aussie（Australia）、prezzie（present）、sunnies（sunglasses））。愛着やかわいらしさを表す英米の英語の**指小辞**（dimmunitive）（例：doggie、Jimmy）は形態こそ似ていますが、意味は全く異なります。オーストラリアの短縮語はかわいらしさではなく、物事を過大に捉えず、平常心でいこうという気持ちを表しているとされているのです。

　表3.6ではオーストラリア英語の語法の一部を示しています。語彙の短縮化と同様、短い語句で表現する傾向があります。

表3.6　オーストラリア英語の語法

英米の英語	オーストラリア独自の語法
Hello!	G'day!
Thank you / Sorry	No worries.
Pardon?	Sorry?
Thank you.	Ta.
You're welcome.	Pleasure.
See you later.	Catch ya later.
	Good on you.[8]

まとめ

　本章では、イギリス英語やそこから派生したオーストラリア英語について概説しましたが、特に英語の歴史について多少詳しく記述しました。そこから私たちが学ぶべきことの1つは、英語ということばが1500年以上にわたる時をへて、他の言語との接触によって語彙を増やしたのと同時に、文法的には単純化していったということです。今日、英語が国際共通語としてその地位を築いて来たのは、もちろんイギリスやアメリカ合衆国の政治的経済的覇権に依っているのですが、英語という言語システムそのものが元々もっている柔軟さに起因した豊富な語彙と比較的シンプルな文法のお陰だとも言えるでしょう。

練習問題

1. 古英語から中英語、中英語から近代英語への移行は、それぞれ英語のどのような面に多くの変化をもたらしましたか。
2. 英語の変化と伝搬には、どのような要因があるとされているか、整理してみましょう。
3. イギリス英語における容認発音（RP）とはどのようなものか、「地域方言」または「社会方言」という2つのことばを用いて説明してみましょう。
4. 映画やラジオ、インターネットなどのメディアを用いて、イギリス英語とオーストラリア英語の発音や語彙の違いに実際に触れてみましょう。どのような印象を受けたか、話し合ってみましょう。

注

1 *The story of English* の著者たちは、"crafty hybrid" と表現しています（McCrum, et al., 1987, p.51）。
2 ケルト人は文字をもたなかったため、現代英語に残されているケルト語の単語は極めて少ないと言われていますが、Dover、Kent、London、York などの地名として親しまれています（cf. 橋本, 2005, p.78）。
3 大英図書館のホームページ http://www.bl.uk/treasures/caxton/homepage.html では、大英図書館所蔵の Canterbury Tales 印刷版（1476, 1483）オリジナルを見ることができます。
4 King James Bible のオリジナルの写真画像が収録された HP。
http://www.kingjamesbibleonline.org/1611-Bible/originalscans.php?book=John&chapter=1&verse=1
5 スペリングについては、第4章で扱います。
6 大英図書館の以下のホームページでは、イギリスの地図上に描かれたアイコンをクリックすると、その地域で話されている方言を聴くことができます。話し手の職業についての言及もあり、イギリス英語の方言が単に地域的な特徴のみを帯びるのではないことが同時にわかるように工夫されています。
http://www.bl.uk/learning/langlit/sounds/index.html
7 *My Fair Lady* という映画の中で発音矯正に使われた例文。RP を話す音声学の教

授がコックニーを話す花売り娘を淑女に教育するという物語。
8 「立派だ！」と人の勇気ある態度に賛意を表す時に用います。英米の英語には、完全に一致する語法がありません。

参考文献

橋本功(2005). 『英語史入門』慶應義塾大学出版会.
児島修(1996). 『ファンダメンタル英語史』ひつじ書房.
McCrum, R., Cran, W., & MacNeil, R. (1987). *The story of English*. London: BBC Books.
寺澤盾(2008). 『英語の歴史』中央公論新社.

推薦図書

ハーディ, V.(著)・加藤恭子(編訳)(1996). 『英語の世界・米語の世界―その歴史・文化・表現』講談社.
堀田隆一(2011). 『英語史で解きほぐす英語の誤解―納得して英語を学ぶために』中央大学出版部.
松浪有(1995). 『英語の歴史』大修館書店.
森本勉(1994). 『オーストラリア英語辞典』大修館書店.
大石五雄(1994). 『アメリカ英語とイギリス英語』丸善.
シュール, N. W.(1996). 『イギリス／アメリカ英語対照辞典』(豊田昌倫・小黒昌一・貝瀬千章・吉田幸子・訳). 研究社. ［原著：Schur, N. W. (1987). *British English, A to Z*. New York: Facts on File.］

第4章　母語英語の特徴
　　　　（アメリカ英語、カナダ英語）

はじめに

　アメリカ英語もカナダ英語も移民の英語です。移民が始まってから約400年、建国から240年たらずで、アメリカ合衆国で話されている英語は全世界で最も耳にする機会の多い母語英語の変種となりました。アメリカ英語の歴史をふりかえると同時に、その言語学的特徴について、イギリス英語との違い、地域方言および社会方言について概説します。またアメリカに隣接するカナダの英語は約200年の歴史があります。今日のカナダ英語の特徴についても考察を加えます。

4.1　アメリカ英語の歴史

4.1.1　移民の英語

　アメリカ英語は一口で言えば移民の英語であると特徴づけることができます。1620年メイフラワー号に乗船しアメリカ東海岸に上陸した約100名の清教徒たちは、Pilgrim Fathers と呼ばれ、多くはイギリスのイースト・アングリアからの移民だったと伝えられています。1630年にも清教徒の一団が移住し、ボストンを中心とする地域に、聖書に基づく理想社会を築こうとしました。これらの人々の英語は、近代英語初期のもので、現代でも変化せずにアメリカ英語として残っているものもあります。例えば、長母音 /iː/（例：either、neither、イギリス英語では二重母音化し、/aɪ/ に変化）や /æ/（例：fast、bath、/ɑː/ に変化）の使用、語彙の意味変化（例："mad"（米「怒ってい

る」、英「気が狂っている」）"sick"（米「病気にかかっている」、英「むかつく」）などがあげられます。

　17世紀のアメリカ移民の出身地は、イースト・アングリアに加え、ロンドン、ケント、デヴォン、ヨークシャーというようにイングランド各地に及んでいたばかりでなく、その政治的、職業的背景も、亡命者、王党派、兵士、流刑人など多岐に渡っていました。それぞれの人々の話す英語方言の違いは、徐々に中和されていき、イングランドの英語に比べ、地域差の少ない英語を発達させたと言われています。（cf. 橋本, 2005, pp.178–181）。

　また、アメリカ英語の形成に関わったのはイングランドからの移民だけではありません。スコットランドや北アイルランドからの移民や、アフリカやカリブ海から奴隷として運ばれてきた**ピジン英語**[1]を話す黒人たちがアメリカ大陸に住み始めました。さらには、フロリダからニューメキシコに至る地域に定住していたスペイン人、北部および中西部と南部に住んでいたフランス人植民者、オランダ人植民者、ドイツ人移民、アメリカ先住民など、実に多様な人々とその言語に影響を受けながらアメリカ英語は形成されていったのです。

4.1.2　アメリカ英語の成立

　アメリカ英語形成の過程で一大転機と位置づけられているのは、**アメリカ独立戦争**（1775 〜 1783 年）です。さまざまな面でイギリス本国からの独立を目指す人々にとって、アメリカ独自の言語を志向することは至極自然なことでした。1802 年に合衆国議会が公式に**アメリカ語**（American）ということばを使うようになったことがその象徴です。

　新世界に渡ってきた初期の植民者たちは、かつて見たこともないような環境の中で、それまで経験したことのないようなことを体験しました。これらを伝えるために、イギリス英語の語彙に新しい意味を付け加えたり拡張したり、あるいは新語を作るなどの工夫をしていました。イギリスからの独立という政治的出来事は、英語をアメリカ語として発展させようという強い気運を培うことに貢献しました。

　アメリカ英語独自の体系を志した試みのうちで、最も強い影響力を行使し

たのが、『ウェブスター辞典』(*An American Dictionary of the English Language*, 1828)で知られる**ノア・ウェブスター**(Noah Webster, 1758–1843)だと言われています。彼は、初等教育の教科書を通じてアメリカ英語独特の綴字法や、単語の中のそれぞれの音節を明確に発音するという発音原則を広めたのです (cf. McCrum, et al., 1987, pp.240–242)。

4.1.3 人々の移動と流入によるアメリカ英語の発展

19世紀も半ばを過ぎると、アメリカ西部に広がるフロンティアの開拓やゴールド・ラッシュ、大陸横断鉄道完成の影響で、人々の移動がさかんになり、数多くの新語や新句を生み出す契機となりました。またアメリカ文学の世界でも、**マーク・トゥエイン**(Mark Twain, 1835–1910)や**アーネスト・ヘミングウェイ**(Earnest Hemingway, 1899–1961)などアメリカ文学を牽引する作家が登場し、大きな影響を与えました。

アメリカのフロンティアが拡大していく一方で、ヨーロッパをはじめ、さまざまな国からの移民も増え続けました。ニューヨークを入国拠点とし、アイルランド人、ドイツ人、イタリア人、ユダヤ人などが大西洋を越えてやってきました。さらに第二次大戦後には、キューバ、ヴェトナム、ハイチ、カンボジアなどからも難民が次々とやってきました。それぞれの言語特有の言い回しや食物の名前など、こうした移民がアメリカ英語に与えた影響もまた非常に大きいものでした。

4.1.4 世界語としてのアメリカ英語

メイフラワー号がアメリカに到着してから約300年後、アメリカは1917年にドイツに宣戦布告し、第一次世界大戦に参戦しました。その2年後、ウィルソン(Thomas Woodrow Wilson)は、パリ講和会議に向け、現職の大統領として初めて訪欧し、"America was a world power; American English a world language."(McCrum et al., 1987, p.268)と述べたと伝えられています。

確かにウィルソンの発言どおり、第一次世界大戦の勝利(1919年)および第二次世界大戦の勝利(1945年)によって、アメリカ合衆国はヨーロッパの列強をしのぐ大国となり、現在に至っています。

アメリカ英語は、主としてマスメディアや娯楽産業の波に乗り、世界に益々浸透し、各地の英語に影響を与えています。例えば、ハリウッド映画の世界進出、テレビやデジタルメディアの普及による映画の再視聴、CNN をはじめとする国際放送の配信域拡大、そしてインターネットやソーシャルネットワークの目覚ましい発展がアメリカ英語のグローバルな拡大に貢献しています。

4.1.5　アメリカの言語政策

　アメリカ合衆国では現在も引きつづき多くの移民を受け入れており、特に中南米スペイン語圏諸国からの移民が増加傾向にあります。英語は 80% を超える国民の母語ですが、スペイン語を母語にする国民も 10% あまり存在します。

　連邦政府には確固たる言語政策がなく、州レベルで運動が繰り広げられています。英語が圧倒的に優位な言語であるにもかかわらず、憲法で定められた公用語ではありません。1980 年代には、ヒスパニック移民が多くスペイン語の脅威にさらされているカリフォルニア州を中心に英語公用語運動が展開され、それは後に"English-Only"政策へと発展します。この政策は、英語を州の公用語に規定し、他の言語の公的使用を禁じることを目標としています。文化と言語の多様性は国家統一を妨げるという社会統合モデルに基づき、文化的言語的同化主義(conformism)という立場をとるものです。この"English-Only"政策が**人種のるつぼ**(melting pot、異なる内容物が 1 つに解け合う)という比喩で喩えられています。

　それに対抗する"English-Plus"政策は**サラダボウル**(salad bowl、材料は混ざり合わないが共存している)に喩えられます。州民の多様な言語と文化を保護し振興することを目標にたて、文化と言語の複合構造こそが豊かな社会的創造力の源となると考える社会統合モデルに立脚するものです。つまり、**多文化主義**(multiculturalism)や**文化複合主義**(pluralism)の立場をとっているのです。ヒスパニック移民の最も多い州であるニューメキシコ州は、1989 年に他州に先駆けて"English-Plus"政策を採択しました。

　こうした政策論争を知ることによって、私たちはことばの問題が単なる言

語構造や使用上の問題だけではなく、政治、経済、異文化を巻き込んだ人々の生き方に深く関わる問題なのだということを改めて認識することができるのではないでしょうか。

4.2 アメリカ英語の特徴

4.2.1 使用地域

　アメリカ英語は広く北米で使用されています。アメリカ合衆国では州政府によって、公用語が定められており、現在 30 州が英語を公用語に指定しています。隣国のカナダでは、カナダ英語がフランス語とならび憲法で定められた公用語です。ただし、州によっても公用語が定められており、フランス語のみを公用語に定めているケベック州を除けば、英語はすべての州で単独または他の言語と組み合わされて公用語となっています。カナダ英語は、綴りを除き、アメリカ英語との共通点が多く、特に発音はよく似ているとされています。

4.2.2 方言と標準語

　アメリカ英語にも地域方言と社会方言があります。ここではまず地域方言とその関連で標準語について触れ、次節では社会方言としての**黒人英語**(Black English, African American Vernacular English, African-American English)について概説します。

　アメリカの地域方言は、図 4.1 に示すとおり、**一般アメリカ英語**(General American)、**北東部アメリカ英語**(Northeastern)、**南部アメリカ英語**(Southern)の 3 地域に大別されます。それぞれ下位区分があり、独特の音韻的特徴をもつ方言が話されていますが、方言同士の違いは、前述したとおりイギリス英語の地域方言の違いよりはるかに少ないと言われています。

　アメリカ西部や北部、中部および東部中央部というほぼ大陸を横断するほどの広い地域で話されている**一般アメリカ英語**がアメリカの標準語として認知されています。代表的な例として、全国ネットのテレビニュースのキャスターの英語があげられます。人種を問わず、一般アメリカ英語を使っていま

す。本章で後述するイギリス英語とアメリカ英語の比較は、この一般アメリカ英語の諸特徴に基づいています。

図 4.1　北米英語の地域差
（Trudgill, & Hannah, 2002, p.41）

　ニューイングランド東部およびニューヨーク市で話されている英語は、**北東部アメリカ英語**（Northeastern）として区別されています。それはこの地域では、地理的・歴史的なつながりから、イギリス英語の影響を強く残した英語が話されていることに起因しています。例えば、母音の後の /r/ は発音しない（**non-rhotic**）、"half" や "bath" の母音は /æ/ ではなく /ɑː/ で発音する（**broad /ɑ/**）などの音韻的特徴があげられます。

　南部地方の英語は**南部アメリカ英語**（Southern）と呼ばれ、ヴァージニア州からメキシコ湾岸、大西洋岸からテキサス州に至る地域で話されている方言の総称です。地域ごとに、また話し手の年齢差によって、それぞれ違った特

徴があると言われていますが、二重母音化は、この地域に共通する特徴として知られています。例えば、b<u>a</u>t /bæjət/、b<u>e</u>t /bɛjət/、b<u>i</u>t /bɪjət/ のように、標準語では短母音で発音される音が、二重母音、あるいは三重母音となるため、語が引き延ばして発音される現象です。

4.2.3　社会方言としてのエスニック・バラエティ

　北米では社会階層による方言差も存在します（第5章参照）が、人々の帰属する文化圏や民族的背景による社会集団に基づく社会方言にも注目すべき特徴があります。特に、古くはアフリカ系アメリカ人、また最近増加傾向にあるヒスパニック系アメリカ人は独自の特徴を備えた英語を話します。ここでは、アフリカ系アメリカ人の英語として、**黒人英語**を例に考察してみましょう。

　黒人英語の起源については諸説ありますが、アメリカ大陸への黒人の移住の歴史は、17世紀後半頃に始まった奴隷貿易に遡ります。西アフリカで白人の奴隷商人に捉えられた黒人たちは、奴隷船の中でコミュニケーションをとるため、ピジン英語をつくりだし、働き先の現地に着いてからも、雇い主やその家族とのコミュニケーションに使っていました。アメリカの奴隷制度は南北戦争（1861–1865）で北軍が勝利するまで200年以上ものあいだ続き、特に南部の黒人英語の発達に関わったとされています。各地に奴隷社会ができあがっており、ピジン英語として始まった黒人英語は世代を超えて習得されていきました。

　20世紀初頭には、アメリカ合衆国北部で工業化や都市化が本格化し、黒人英語は新たな局面を迎えます。それまで主に南部に居住していた黒人たちが北上し、黒人の言語文化がより広範に白人の言語や生活に影響を与え始めたのです。語彙の面では、cool（かっこいい）、mate（兄弟！）、man（おい、あんた）、hip（知っている）、nitty-gritty（物事の核心）などのスラングから、音楽やダンスといった娯楽、生活スタイルに至るまで、白人による黒人文化の大量摂取が始まりました。やがて黒人英語は新聞、ラジオ、テレビ、映画などのマスメディアでも用いられ、その一部はアメリカ標準英語の話し手によっても使用されるようになります。

黒人英語の文法的特徴としては、表 4.1 にみられるような点が顕著です。

表 4.1　黒人英語の文法的特徴

特徴	例
進行形の用法	He be workin' Tuesdays (=He usually works on Tuesdays).
完了形の用法	He done worked (=He has worked or He worked).
Be 動詞の省略	She my sister. Who you?
二重否定	Don't nobody know the answer.
人称・数による動詞・助動詞活用なし	She go there; he don't go there.

このように、黒人英語がさまざまな局面でアメリカ英語の成立に貢献したにもかかわらず、1960 年代まではこうした考え方は広く認められるものではなかったと言えます。そもそも、1960 年代の公民権運動やその後の言語研究から生まれた Black English という呼び方自体も、一般的な承認を得るまでに多くの時間を要したのです。独自のルーツと歴史、独自の言語学的特徴をもつ黒人英語は、その他の英語変種と比べて優れても劣ってもおらず、1 つの社会方言として同等の存在権をもつのです。

4.2.4　アメリカ英語とイギリス英語

発音と文法については、すでに第 3 章でイギリス英語の特徴を述べた際に言及しました。繰り返しになりますが、アメリカ英語の発音で最も顕著な特徴は、母音の後の /r/ を発音すること、つまり **rhotic** であるということです（例：hard /hɑːrd/、girl /gəːrl/）。さらに母音については、イギリス英語では /ɒ/ と発音されるところが /ɑ/ に（例：got、hot、not、pocket など）、/ɑː/ と発音されるところが /æ/ になります（例：avenue、bath、can't、castle、dance、grant など）。子音については、母音にはさまれた /t/ の音が /d/ に近い発音になります（例：better、bitter、butter、bottle、little）。

文法的には、ある種の形容詞や動詞に導かれる従属節の動詞が原型を取ったり（例：It is important somebody talk to the police. I recommend that he reduce his expenditure.)、不定詞の to が省略されたり（例：Please come see us.）します。また、動詞の活用形が多少異なることがあげられます（例：dreamed（米）、dreamt（英）；gotten（米）、got（英））。ただし、これらの違いによってコミュニケーション上の齟齬が生じることはほとんどありません。それは、アメリカ英語にもイギリス英語にも地域方言の中にこのような発音をする変種があったり、歴史的に古い形だったりするからです。

　語彙についても、同じものをさすのにアメリカ英語とイギリス英語とでは違う用語を使う場合があることは先に述べました（第3章を参照）。アメリカ英語らしさという点で特徴的なのは、先住民のことばからの借用があるということです。Totem（トーテム）、kayak（カヤック）、pow-wow（会議）などは、一般アメリカ英語として日常的に使われる語彙となっています。さらに特筆すべきは、アメリカの地名には先住民のことばが非常に多く使われており、51州のうち、州名にアメリカ先住民のことばをつけている州は、27を数えます（詳しくは10章を参照）。

　さて、綴り字がアメリカ英語とイギリス英語では異なることはよく知られていますが、主な違いについては、表4.2を参照してください。

表 4.2　綴り字の違い

	イギリス英語	アメリカ英語
-our/-or	colour; favour; honour	color; favor; honor
en-/in-	enclose; enquire; ensure	inclose; inquire; insure
-re/-er	centre; metre; theatre	center; meter; theater
-ce/-se	defence; licence; pretence	defense; license; pretense
-ise/-ize	apologise; naturalise	apologize; naturalize
-l-/-ll-	fulfilment; instalment	fulfillment; installment

4.2.5　Texting の英語

　アメリカ英語に限定したことではありませんが、携帯メール（texting）やチャットの英語には独特のスペリングや記号が使われることがあります。特に若者の間では非常に一般的に観察される現象です。表4.3に示すとおり、

"cu b4 u go"(see you before you go)や"SWDYT"(so what do you think?)のような使い方をします。

表 4.3　Texting の英語
（Crystal, 2008 参照）

特徴	例	意味
Logograms	b4	before
	oxox	hugs & kisses
	zzz	sleeping
	2day	today
	gr8 db8	great debate
	cu	see you
Emoticons	:-)	smile
	:-@	screaming
	(*o*)	surprised
Initials	GF	girlfriend
	NP	no problem
	OMG	Oh my God!
	BTW	by the way
Omitted Letters	Msg	message
	Xlnt	excellent
	Rite	write
Nonstandard Spelling	cos; cuz	because
	Fone	phone
	Luv	love
	Thanx	thanks
	Da	the
	Wassup; sup	What's up?
Shortenings	mon	monday
	arr	arrive
	incl	including

4.3 カナダ英語

4.3.1 カナダ英語の歴史

アメリカ合衆国と同じく、カナダも移民の国であり、約 200 年あまりの間にカナダ英語も移民の英語として発展してきました。大別すると、3 つの異なる時代に異なる地域からの移民を受け入れたことになります。第 1 は、アメリカ独立戦争当時イギリスを支持した王党派(Loyalists)が合衆国を逃れてオンタリオ州あたりに定住したことに始まります。ある意味ではカナダ英語のルーツは、この初期の移民のアメリカ英語にあるということもできます。

第 2 の移民は、イギリスからです。英米戦争(1812～1815 年)後に、反英感情がカナダ市民の間に起こるのを恐れたカナダ政府が、英国人移民を奨励したためです。英語という点からみると、これによってイギリス英語がカナダにもち込まれることになりました。第 3 の移民は、20 世紀以降にヨーロッパやアジア諸国から移住した人々です。これらの移民たちは、カナダを多文化国家として発展させることに大きく貢献しますが、前出の 2 回の移民とは異なり、英語母語話者ではなかったので、カナダ英語への影響は少ないと言われています。

カナダの植民地建設はもともとフランスが先行したので、フランス語からの影響もカナダ英語にはみられます(例：フランス語系語彙のフランス式発音、niche は英語式 /nɪtʃ/ ではなく /niːʃ/)。また、移民の定住が広がる以前から、カナダ先住民の言語の影響もあったとされています。

4.3.2 カナダ英語の一般的特徴

一般カナダ英語(General Canadian)は、都市部の中産階級の話者が話すカナダ英語とされていますが、ある特定の地域の英語ではなく、カナダ全域を覆って使われています。地域という点でも、社会階層という点でも、文字通り「均一性」というところにカナダ英語の最大の特徴があるのです。

カナダはイギリスとアメリカ合衆国双方からの影響を保持しており、英語にもその反映をみることができます。現在でも**イギリス連邦**の一員であり、

政治、宗教、芸術、学術などの分野でイギリスの伝統を受け継いでいます。同時に 4800 キロにおよぶ国境がアメリカ合衆国と接しており、大多数の国民は国境から 300 キロ圏内に居住しているのですから、人の行き来も頻繁にあり、またマスメディアによる影響もはかり知れません。

カナダ英語の語彙や綴り字には、こうした状況を反映した英米両語の共存が多数みられます。

4.3.3　カナダ英語の語彙と綴り字

カナダ英語にはイギリス英語とアメリカ英語が混在していますが、語彙や綴り字の点では、ややイギリス英語寄りということが指摘できます。特にもともとフランス語から英語に取り入れられた語彙については、イギリス英語の綴りを使う傾向があります（例：metre、cheque、centre、colour、flavour など）。交通用語、特に自動車に関係する用語を中心として、アメリカ英語の語彙を使用しますが、アメリカの自動車産業の影響を多大に受けているのですから当然とも言えるでしょう（例：tire（＝tyre）、gas（＝petrol）、truck（＝lorry）、wrench（＝spanner）、elevator（＝lift）、apartment（＝flat）など）。

4.3.4　カナダ英語の発音と文法

カナダ英語の発音として特徴的なのは、Canadian raising と呼ばれる現象です。無声子音の前の**二重母音**（diphthong）を発音する時の舌の位置が高くなり、/aɪ/ や /aʊ/ が /ʌɪ/ や /ʌʊ/ になるというものです（例：about /əbʌʊt/、house /hʌʊs/）。

スペリングに忠実に発音する傾向もみられます（例：against /əgeínst/（加）vs. /əgénst/（英米）、been /biːn/（加）vs. /bɪn/（英米））。

文法的特徴として興味深いのは、ほぼカナダ全域で使われている "eh?" /eɪ/ でしょう。間投詞または付加疑問詞として、主として聞き手の注意を引くために使われます。表 4.4 をみると、色々な場面で多様な使われ方がされていることがわかります。

表 4.4 "Eh" の用法
(Gold, 2004 参照)

"Eh" の使われる場面	例文
1. 意見の陳述	Nice day, eh?
2. 事実の陳述	It goes over here, eh?
3. 命令	Open the window, eh? Think about it, eh?
4. 感嘆	What a game, eh?
5. 疑問	What are they trying to do, eh?
6. 注意喚起	Eh? What did you say?
7. 定式表現	Thanks, eh? I know, eh?
8. 侮辱	You're a real snob, eh?
9. 非難	You took the last piece, eh?
10. ナラティブ(語り)	This guy is up on the 27th floor, eh? then he gets out on the ledge, eh …

まとめ

　母語英語について第3章と第4章で概説してきました。それぞれの国の歴史を反映し、多様な語彙が生まれました。発音には地域差もあります。文法でさえも多少の違いがみられます。ここで強調したいのは、類似性と多様性ということです。英語教育で使われているモデルは、イギリスおよびアメリカの母語英語の標準語で非常に画一的なものですが、母語英語間の類似性を理解する上で大切なヒントを提供してくれます。つまり、母語英語として核となる規範的な文法、基本的な英語の音声と発音、ベーシックな語彙などです。一方、第3章と第4章は母語英語の多様性、相違性にやや重点を置いて書かれています。それは母語英語間の変種を相対化して捉え、時代と共に絶えず変化していく生きたことばとして認識して欲しいからです。ことばはそれが話されているコミュニティから切り離すことはできません。同時に、そのことばを話す人々を映し出す鏡でもあるのです。

練習問題

1. アメリカ英語の形成に寄与したとされる出来事や人物をまとめてみましょう。
2. アメリカの言語政策にはどのような特徴があるでしょうか。まとめてみましょう。
3. カナダ英語の一般的特徴を表すキーワードをあげてみましょう。
4. 本章のまとめにある、「ことばはその話されているコミュニティから切り離すことはできません。同時に、そのことばを話す人々を映し出す鏡でもあるのです。」という視点から、texting の英語について考えてみましょう。

注

1　通商活動や奴隷貿易に代表される強制移住などによって集まった、共通の言語をもたない人たちの間で、限定的な目的のため最低限の意思疎通手段として形成される接触言語を**ピジン**（pidgin）と言います。**ピジン英語**（Pidgin English）は、このような接触言語としての英語をさします。

参考文献

Crystal, D. (2008). *Txtng: The gr8 db8*. Oxford: Oxford University Press.

Gold, E. (2004). *Canadian eh?: A survey of contemporary use*. Canadian Linguistics Association Annual Conference. Winnipeg: University of Manitoba. 2011 年 9 月 http://homes.chass.utoronto.ca/~cla-acl/actes2004/Gold-CLA-2004.pdf より情報取得.

橋本功 (2005).『英語史入門』慶應義塾大学出版会.

McCrum, R., Cran, W., & MacNeil, R. (1987). *The story of English*. London: BBC Books.

Trudgill, P., & Hannah, J. (2002). *International English: A guide to the varieties of standard English*, 4th ed. London: Arnold.

推薦図書

クロフォード, J. (1994).『移民社会アメリカの言語事情―英語第一主義(イングリッシュ・オンリー)と二言語主義(バイリンガリズム)の戦い』(本名信行・訳). ジャパンタイムズ.［原著：Crawford, J. (1992). *Hold your tongue*. Massachusetts: Addison-Wesley.］

アール, J. (2011).『地図でみるアフリカ系アメリカ人の歴史―大西洋奴隷貿易から20世紀まで』(古川哲史・朴珣英・訳). 明石書店.［原著：Earle, J. (2000). The Routledge atlas of African American history, 1st ed. London: Routledge.］

泉山真奈美(編著)(2007).『アフリカン・アメリカン スラング辞典［改訂版］Dictionary of African-American slang』研究社.

河原俊昭(編著)(2002).『世界の言語政策・多言語社会と日本』くろしお出版.

大石五雄(1995).『英語と米語―その違いを読み解く』丸善.

第 5 章　英語と社会的属性

はじめに

　どんな言語の話者であっても、私たちは子どもから大人へと成長するにしたがって、社会的・文化的に自分らしさを表す指標を幾つももつようになります。このような指標のことを**社会的属性**ということができます。例えば、性別（ジェンダー）は何か、人種・民族的背景は何か、出身地はどこか、どんな教育を受けたか、どのような階層に属しているか、年齢は幾つかなどがあげられます。これらの社会的属性は言語運用と密接に関わっていることが指摘されています。本章では、社会的属性のうちから、**地域**、**階層**、**ジェンダー**にしぼり、幾つかの事例研究を参照しながら、これらの社会的属性によって英語使用にはどのような差異や特徴がみられるのかについて論じます。

5.1　地域

5.1.1　イギリスの地域方言

　第 3 章、第 4 章において、イギリス英語およびアメリカ英語にみられる地域差について概略を述べましたが、ここでは特にイギリス英語の地域方言について考察します。アメリカ英語に比べて、イギリス英語の地域差の方が大きく、またその地域差を知ることにより母語英語の多様性についての認識をさらに深めることができるからです。

　地理的・地勢的条件によって区別される言語変種は**地域方言**（regional dialect）と呼ばれ、特に発音の違いについて研究がされてきました。イギリス英

語の標準とされる容認発音(RP)を話す人々は人口の 2 ～ 3％というほんのわずかな割合しか占めないのですから、他の人々は地域特有の方言を話しているわけです。地域方言は一般に、スコットランド、イングランド北部、イングランド中部、イングランド南部、ウエールズ、アイルランドのように分けられています。地域方言の境界は、海や河川、山脈などで地理的に隔てられはっきりとした線で描ける場合もありますが、特に平地の場合には明確な線引きができるわけではなく、徐々に違いがみられる程度のものだからです。またそれぞれの発音によって、方言境界が異なる場合もあります。表 5.1 は、発音の特徴という観点からイギリス英語地域方言の違いをまとめたものです。

表 5.1　イギリス英語発音の地域的特徴
（ヒューズ＆トラッドギル, 1984, pp.40–52 参照）

音声的特徴 RP	音声的特徴 方言	地域	具体例	備考
/ʌ/	/ʊ/	北部、中部	bus /bʊs/、but、cud、putt	put と putt は発音上区別されない
/ʊ/	/u:/	北部 Scot. Ire.	book /bu:k/、cook、pool	pool と pull は発音上区別されない。"oo" の綴りをもつ語
/ɑ:/	/æ/	北部、中部	path /pæθ/、grass、dance /dæns/、grant	/ɑ:/ は、palm、half には用いる
		Scot. Ire.	path /pæθ/、dance、palm /pæm/、half /hæf/	/ɑ:/ を用いない
/ɪ/	/i:/	中部の南、南部	city /sɪti:/	北部方言では RP と一致する唯一の特徴
Non-rhotic	Rhotic	Scot. Ire. 南部の西	bar /bɑ:r/、bark /bɑ:rk/	Eng. Wal. の農村部労働者階級でも Rhotic
/ŋ/	欠落	全土	singing /sɪŋɪn/、walking、hunting	形式ばらないスタイルの場合
/j/	欠落	中部の南、南部の東	news /nu:z/、tune /tu:n/、view /vu:/、queue /ku:/	

北部、中部、南部はそれぞれイングランドにおける地域；Scot. = Scotland；Ire. = Ireland；Eng. = England；Wal. = Wales

大別すると、スコットランド、アイルランド、イングランドの北部および中部には共通する音韻的特徴があり、アメリカ英語と共通する発音もみられることがわかります。特に、イングランド北部と中部では、アメリカ英語と同じく、母音の後の /r/ を発音する rhotic という現象や path のように RP では /ɑː/（"broad /ɑ/"）を使用する母音に /æ/ を用いることが観察されています。これらの特徴はイングランド南部の方言とはやや異なります。

このように地域方言を細かくみることによって、イギリスの中にもアメリカ英語に似た発音をする地域があり、逆にアメリカ合衆国の中にもイギリス英語に似た発音をする地域があるということがわかります。両国の英語の発音には一般に考えるほどの隔たりがないのかもしれません。差異に焦点化するか共通点に着目するか、ものの見方の問題とも言えます。

5.1.2　英語変種と方言の関係

では、なぜ英語という言語では、「アメリカ英語」「イギリス英語」「カナダ英語」などの「変種（varieties）」があるとされていて、これらの変種は「方言（dialects）」とは呼ばれないのでしょうか。

「言語」と「方言」を区別する基準として、以下の3つの観点が指摘できます。第1に言語学的特徴です。発音、語彙、文法という言語構造に関しては、文法つまり統語論的特徴が基準となります。発音や語彙がある程度異なっていても文法が同じならば同じ「言語」と判定できるのに対して、文法が異なる場合には、「言語」が異なると判断されます。第2には、コミュニケーション的特徴です。話者が相互に理解できるかどうか運用面から測り、理解できなければ「言語」が異なるということになります。第1と第2の点は連関しており、言語構造上の差異が大きければ大きいほど、話者同士の相互理解不全が生じる可能性も大きいと言えます。第3には、政治的・歴史的影響があげられます。例えば、国家権力を維持あるいは操作するために、「言語」を「方言」に格下げすることもあります[1]。その反対に、国家や民族などの区別を「言語」の区別にあてはめ、実際には同じ「言語」の中の一種の地域方言であっても、国家や民族ごとに「変種」として扱うことがあるわけです。英語の場合には、この第3の場合に該当すると言えるでしょ

う。英語以外にもスペイン語、フランス語、アラビア語など、いくつもの国や地域で母語として話されている言語では同様の傾向があり、地域的に変種があるということになります[2]。

ところで**変種**(varieties)という用語には、少し注意が必要です。以下に示すように色々なレベルで使うことができるからです。

1) 使用される国レベルの変種(例：イギリス英語、アメリカ英語など)
2) 地域による変種(例：イングランド北部方言、アメリカ南部方言など)
3) 社会階層による変種(例：イギリス容認発音など)
4) 社会集団による変種(例：黒人英語、イディッシュ語(Yiddish)[3]など)

2)から4)までを「方言」という用語で定義することもできます。すなわち、2)は**地域方言**(regional dialect)、3)と4)は**社会方言**(social dialect)となります。地域方言は、同一言語内のある地域で話されている言語変種をさし、社会方言は、同一言語内のある特定の**社会階層**(上流、中産、労働者)または**社会集団**(民族、性別、年齢、職業、学歴)によって用いられている変種をさします。共通した、あるいは、似かよった社会的背景をもつ話者集団によって用いられる言語変種ということができます。

5.2 社会階層

5.2.1 階層方言

類似する社会的あるいは経済的特徴のいずれか、もしくはその両方をもった個人の集合体を**社会階層（階級）**(social class)と言います。上流階級(upper class)、中産階級(middle class)、労働者階級(working class)という大分類があり、それぞれ上中下のように下位分類され序列化されています。富の蓄積、仕事の業種、社会的地位、教育的背景などを反映し階層によって言語使用上の差異がみられるため、階層間にコミュニケーションの隔たりが生じ、それぞれの階層に特有の言語変種が発達します。同じ社会階層に属する人たちが共有している言語変種のことを**階層方言**(social-class dialect)と呼びます。

階層性と地域性は相関しており、図 5.1 に示すとおり、階層が高くなるほど、その階層方言に地域性が感じられなくなると言われています。イギリス英語では最も高い位置を占めている容認発音（RP）の話し手には、地域的に出身地を示す手がかりがほとんどないのです。その反対に、最も低い位置にある人々の場合には、地域方言まるだしの話し方をするというわけです。

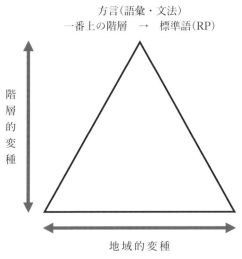

図 5.1　地域性と階層性との相関
（トラッドギル, 1975, pp.37–38 参照）

　階層方言は、まさにそれが話者の社会的地位や経済的富と結びついているがゆえに、社会的評価やステレオタイプと結びつきやすいという特徴をもっています。もちろん同様のことは地域方言や社会集団による方言にもあてはまりますが、階層方言に特に顕著に出現すると言えるでしょう。

　上位の社会階層で用いられている方言（言語変種）は、その社会共同体で標準変種として認められていることが多く、肯定的な価値付けや評価を与えられています。一方、下位階層に特徴的な言語変種は非標準変種として否定的な価値付けや評価が与えられます。専門用語では、前者を**威信**（prestige）、後者を**傷痕**（stigma）と呼んでいます。威信形は「正しさ」「上品さ」「好ましさ」と結びつくのに反して、傷痕形は「間違い」「きたない」「なまり」と結

びつき、それぞれにステレオタイプを形成します。このようなステレオタイプは人々の生活の中で再生産を繰り返し、益々強化されていくのです。

しかしながら、威信（prestige）の面白いところは、**顕在的威信**（overt prestige）と**潜在的威信**（covert prestige）の両面があるという点です。上層方言の標準変種に備わっている威信は顕在的ですが、非標準変種にもある種の威信がみられるのです。それは、非標準変種には上層との社会的距離を明確にし、同じ階層の人同士の帰属意識や連帯感を高める働きがあるからです。このような威信のことを潜在的威信と言います。

方言に付与される価値観やステレオタイプをみると、ことばが私たち人間の生きる営みといかに深く結びついているかがわかります。次節では階層方言に関する2つのケース・スタディを通して、さらに掘り下げて考察します。

5.2.2　イギリス英語の階層方言─トラッドギルによるノリッジ調査

イギリスの社会言語学者**ピーター・トラッドギル**（Peter Trudgill, 1943–）が1970年代に行ったイギリス英語の階層方言に関する研究を紹介しましょう（Trudgill, 1974）。

トラッドギルは出身地のイースト・アングリア地方ノリッジ（Norwich：ロンドンの北北東約180キロの都市）で、5つの異なる社会階層に属するそれぞれ10名の調査協力者男女および10名の児童、合計60名の発音を以下の3つの子音について、威信形で発音するか非威信形で発音するかについて調べました。

1) walking、running の語尾の子音：/ŋ/（威信形）か /n/（非威信形）か
2) butter、bet の語尾の子音：/t/（威信形）か /ʔ/（非威信形）か
3) hammer、hat の語頭の子音：/h/ を発音する（威信形）か発音しない（非威信形）か

その結果、表5.2に示すとおり、すべての子音について、社会階層が下がるにつれ、非威信形の使用の割合が高くなるということがわかりました。

表 5.2　社会階層と非威信形の使用(%)　n=60
（トラッドギル, 1975, p.46）

	/n/ (vs /ŋ/)	/ʔ/ (vs /t/)	/h/ 欠落(vs /h/)
中流中産階級	31	41	6
下流中産階級	42	62	14
上流労働者階級	87	89	40
中流労働者階級	95	92	59
下流労働者階級	100	94	61

さらにトラッドギルは、男女によって非威信形使用に差異があるかどうか、またスピーチ・スタイルによって違いがあるかどうかについても調べました。スピーチ・スタイルは、発音に対する話者の意識的注意度という基準に従い、注意度が高い順に、「単語リスト」、「語句の読みあげ」、「改まった口調」、「くだけた口調」という4種類について調査をしています。

表 5.3　ジェンダーおよびスピーチ・スタイルと非威信形 /n/ (vs /ŋ/)の使用(%)
（Trudgill, 1974, p.94）

社会階層	M/F	単語リスト	読み上げ	改まった口調	くだけた口調
中流中産階級	M	0	0	4	31
	F	0	0	0	0
下流中産階級	M	0	20	27	17[4]
	F	0	0	3	67
上流労働者階級	M	0	18	81	95
	F	11	13	68	77
中流労働者階級	M	24	43	91	97
	F	20	46	81	88
下流労働者階級	M	66	100	100	100
	F	17	54	97	100

表 5.3 の結果からわかることは、2つあります。まずジェンダーに関してですが、男性の方が女性に比べ非威信形を使用する割合がどの社会階層においても高いということです。逆にみれば、女性の方が威信形を使う傾向が強

いとも言えます。スピーチ・スタイルに関しては、予想どおり話者の意識的注意度と非威信形の使用頻度には相関関係があることがわかります。意識的な注意を最も欠く「くだけた口調」において頻度が最も高いという結果が出ています。また「改まった口調」のスピーチ・スタイルに着目すると、中産階級と労働者階級の境界がはっきりとみてとれます。

　なぜジェンダーに関してこのような差異がでるのでしょうか。トラッドギルは自己報告 (self-report) という方法で調べようとしました。実験協力者に対して、威信形と非威信形のペアを聞かせ、普段はどちらの発音をしているかを報告してもらいました。それをこれらの協力者たちが日常的に使っている発音と比較したのです。男性は、実際に使っているよりも多い割合で非威信形の発音をしている (under-reporting) と自己報告したのに対し、女性は反対に実際に使っているよりも多い割合で威信形の発音をしている (over-reporting) と自己報告しました。ここから男性は非威信形に対して、潜在的威信 (covert prestige) をもっていることが推察できます。意識的注意度の高い「単語リスト」や「語句読み上げ」でさえ男性には非威信形を使用する傾向がみられるのは、このような言語態度がおそらく影響しているのでしょう。

5.2.3　アメリカ英語の階層方言—ラボフによるニューヨーク調査

　アメリカ英語についての階層方言の研究で最も知られているのは**ウィリアム・ラボフ** (William Labov, 1927–) によるニューヨーク市の調査です。1966年に出版された研究ですが、1972年の追調査とあわせて、フィールドワークによるデータ収集の方法および**過剰修正** (hypercorrection) という現象を突き止めた点ですぐれた成果をあげました。

　ラボフはフィールドワークの場所としてニューヨーク市にある顧客層の異なる3つのデパート—Saks (上流中産階級)、Macy's (下流中産階級)、S. Klein (労働者階級)—を選び、母音の後にくる /r/ の発音の威信形 (= rhotic の発音) と非威信形 (= non-rhotic の発音) がどのように出現するかを調査しました[5]。ラボフは、高級デパート (Saks) の店員は、顧客のことば遣いに合わせて最も多く /r/ を発音し、S. Klein は最も少ないという仮説を立て、それを証明できるかどうか、非常にユニークな方法でデータ収集を行いました。

調査者は顧客のふりをして、売り場の場所を聞きます。その際、/r/ の発音を 2 回含む"fou_rth floo_r"ということばを店員に言わせることが重要となります。何が 4 階で売っているのかをそれぞれのデパートであらかじめ調べておき、次のように聞きます。

調査者： Excuse me, where are the（women's shoes など 4 階で売っているモノ）?
店員： Fou_rth floo_r.
調査者： Excuse me?（聞き取れなかったふりをして聞き返す）
店員： Fou_rth floo_r.（強調し、慎重に発音する）

　一般に、調査協力者は自分のことば遣いが観察されたり記録されたりする状況におかれるとどうしても意識してしまい、いつもの自然なふるまいができなくなります。ラボフの調査では、あくまでお客と店員の会話をしているように、つまりあたかもそこには観察者がいないかのようにデータを集めたため、より自然な発音が得られたとされています[6]。また、店員に対して聞き返すことにより、2 度目は慎重に言わせているというところもすぐれた調査法です。ことばを慎重に発音すると意識が集中するわけですから、より威信形に近い発音が出現するのが普通です。

　調査の結果は、図 5.2 に示すとおり、4 回のうち 1 回でも /r/ を発音した割合は階層と相関を示したのです。
　また、/r/ の使用は、図 5.3 のとおり慎重に発音する場合に増加することもわかりました。
　つまり、威信形と非威信形の使用を分けるのは、単に社会階層によるのではなく、発音についてどのぐらい意識して注意を払い慎重に行うかにもよるということです。そこでラボフは、カジュアルに発音する場合と、慎重に発音する場合で、威信形の出現にどのような差がみられるかについて、さらに 4 つの異なる社会階層の調査協力者（上流中産階級、下流中産階級、労働者階級、下層階級）に対して 5 つの異なる発音の仕方（くだけたスタイル（A）、慎重なスタイル（B）、パラグラフの朗読スタイル（C）、単語のリスト音読ス

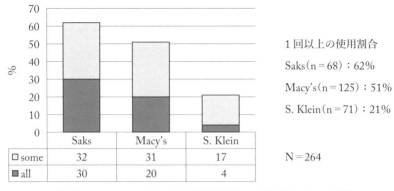

図 5.2　ニューヨークにおける社会階層と母音の後の /r/ の発音
（Labov, 1972, p.51）

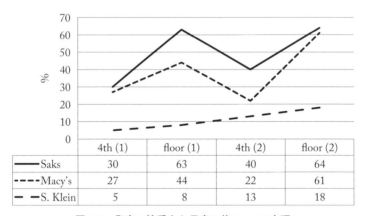

図 5.3　発音の慎重さと母音の後の /r/ の出現
（Labov, 1972, p.52）

タイル（D）、ミニマルペア（minimal pair）の音読スタイル（D′））で調査を行いました。

　結果は、図 5.4 のとおり社会階層があがるほど、また慎重に発音すればするほど威信形 /r/ の使用が増すという傾向を示しましたが、下流中産階級の曲線に着目してください。読み上げスタイル（C）と単語リスト（D）の中間のところで、曲線が上流中産階級とクロスしています（○印の所）。すなわち、下流中産階級の人たちは、発音のスタイルがあらたまるにつれ、威信形 /r/ を発音する割合が急激に高まり、上流中産階級をしのぐという結果を示して

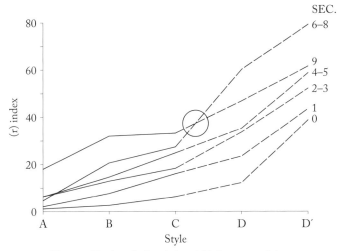

Class stratification of a linguistic variable in process of change: (r) in *guard*, *car*, *beer*, *beard*, *board*, etc. SEC (Socio-economic class) scale: 0–1, lower class; 2–4, working class; 5–6, 7–8, lower middle class; 9, upper middle class. A, casual speech; B, careful speech; C, reading style; D, word lists; D′, minimal pairs.

図 5.4　社会階層とスピーチ・スタイル（過剰修正）
（Labov, 1972, p.114）

います。この現象をラボフは**過剰修正**（hypercorrection）と呼びました。現在の社会的立場への不安・不満や上昇志向をもつ階層に所属する話者にみられ、「きちんと、社会的に権威ある話し方」で話そうとする意識的な態度の表れだと説明されています。

5.3　ジェンダー

5.3.1　社会集団としてのジェンダー

ジェンダー（gender）は、身体的、生物学的に男・女を区別するセックス（sex）とは異なり、社会的・文化的につくりあげられたイメージ・前提・イデオロギーとしての性別のことをさします。例えば、「女だから〜」「男のくせに〜」という社会規範は、ジェンダーが権力関係と関わっていることを示すものであり、上と下、中心と周辺、一般と特殊といった階層性をおびて社

会生活の諸相に表出しています。つまり、ジェンダーというイデオロギーによって、態度、信条、思考、ことば、行動には影響がみられ、話者のジェンダーという属性によって男性・女性という社会集団を形成することになるのです。

ただし、ジェンダーは「自分とは何か」を特徴付ける女性性、男性性、またはその両方をさす両性性であるという考え方もあります。民族や世代、個人によっても、何を「女性的」「男性的」だと考えるかには違いがみられます。このようなアイデンティティとしてのジェンダーは、社会生活という相互作用の中にあって、コンテクストに応じてさまざまに使い分けることも可能です。

いずれにせよジェンダーが社会的に構築されたものであるならば、ジェンダーによる社会集団は、言語使用においても何らかの特徴を示すと考えられます。では英語ではジェンダーによってどのような特徴がみられるのでしょうか。

5.3.2　英語運用にみられるジェンダー

話者のジェンダーの違いによる言語使用上の特徴については、「男性語」「女性語」のような区別が可能なものと、使用頻度の違いに基づくものとがあります。前者は一般的に、男性しか使用しない、または女性しか使用しないことばという意味で、「絶対的性差」、後者は「相対的性差」と呼ばれています。日本語では、人称代名詞や終助詞の使用に絶対的性差がみられるとされていますが、英語では主として頻度による相対的性差がみられると言われています。音声、文法、語彙、語用の4つの側面から考察してみましょう。

まず音声ですが、**声の高さ**（pitch）や**音調**（intonation）に男女差がみられます。男性に比べ女性の方が、声量が少なく高いピッチで話すと言われています。また、平叙文でも断定的な下降調のイントネーションではなく、尻上がりの上昇調のイントネーションを使用する傾向があります。こうすることによって、相手の同意を求めたり、相手に最終判断を任せたりします。すでにオーストラリア英語（第3章参照）やイギリス英語の階層方言（本章）のところで述べましたが、発音についても、女性の方がより標準語に近い発音で話

そうとします。同様の傾向は、文法的特徴にも表れており、より規範的な文法を使うとされています。音声・文法の両面で顕在的威信形を好む傾向が女性にはあるのです。

語彙的特徴としては、表5.4に示すような男女差がみられるとされています。主として語彙の選択（間投詞、**かきねことば**（hedges）、強調表現など）によって、女性は主張を緩和したり、あいまいにしたり、社会規範への尊重を表したりしていると言えます。

表 5.4　英語の語彙使用の男女差

特徴		特徴	機能	例
特有な語彙の細分化	女性	ファッション用語、料理語彙など	女性の関心事	色彩（mauve、magenta など）、調味料（cumin、coriander など）
	男性	スポーツ用語、車に関する語彙	男性の関心事	スポーツ用語（quarterback、huddle など）、自動車部品・関連品（radiator、spark plug、transmission、octane など）
意味内容の希薄さ・曖昧さ	女性	意味のない形容詞の使用	主張の緩和	cute、adorable、divine、darling、lovely、precious、sweet など "What a darling house that is!"
間投詞の選択	女性	弱い間投詞	弱い感情表出	Oh dear!、Goodness gracious!、Oh fudge!、Dear me! など
	男性	強い間投詞	強い感情表出	Damn!、Shit!、Hell! など
ぼかし表現	女性	言いよどみ、「かきねことば」の多用	主張を緩和	Well, ... kinda (= kind of)、sorta (= sort of)、you know など "He is *kind of* stupid."
	男性	ぼかし表現を避け、明瞭な表現を志向	明確な意見や主張の表明	"He is stupid."
強調表現	女性	So の使用	真剣に話を聞いてもらえない立場の反映	"I like him so much."
		大げさな表現		absolutely、awfully、positively、most beautiful など
下品な表現	女性		規範重視	Four-letter words を避ける
	男性		仲間意識	Four-letter words を避けない

最後に語用(コミュニケーションの取り方)についても、女性の英語使用には男性とは異なる傾向がみられるとされています。ポライトネス表現、あいづち、同時発話、話題の選択などに特徴があり、男女のコミュニケーションの違いは一種の異文化コミュニケーションだと主張する学者もいます。

　ポライトネスとは、他者と円滑にコミュニケーションを図るためにとるさまざまな方略のことを言いますが、女性の方が男性より多用すると言われています。例えば、女性の方が丁寧な表現を用いる傾向があります。また「褒めことば」も女性は男性より頻繁に使います。

　あいづちも女性が多用します。あいづちを打つことで女性は、話を熱心に聞いているという合図を送る傾向にあります。**同時発話**という2人が同時に、折り重なるようにして話をする現象においても男女で違いがみられます。相手の話の途中にさえぎるように発話することもあれば、逆に、相手への同調や共感を表して会話に積極的に参加するために起こる同時発話もあります。前者は男性に多く、相手をさえぎって自分の意見を通そうとするときに起こりやすい一方、後者は女性が相手の話に興味を示し、協力して会話を進める1つの方法になっています。

　話の内容に関して、特にアメリカ英語では、女性は自分の家族の体験など私的なトピックを好みますが、男性は、政治の話など公的な話やジョークを好む傾向にあります。男性は、ことばを競争のために用い、女性は人間関係を構築するために用いるとさえ言われています。

　これらをまとめ、アメリカ人のコミュニケーション・スタイルの男女差について Tannen(1990)は表 5.5 のようにまとめています。

表 5.5　アメリカ人のコミュニケーションにみられる男女差
(Tannen, 1990 参照)

アメリカ人女性	アメリカ人男性
Intimacy(親密さ、依存感)	Independence(独立性、地位)
Rapport(人間関係、調和)	Report(情報価値、自己主張)
Compassion(従順さ、同情)	Competition(指導力、競争力)
Private(私的場面で饒舌)	Public(公的場面で饒舌)
Listener(よい聞き手)	Speaker(よい話し手)

まとめ

　本章では話者の社会的属性という観点から英語使用にみられる地域、階層、ジェンダーによる差異について考察しました。これらの差異は言語学的には優劣とは無縁であるのですが、人々は社会生活の中でさまざまに価値付けを行い、威信や傷痕を付与してきました。つまり、英語ということばの実践によって、その社会の支配的イデオロギーを正当化し、再生産してきたのだとも言えます。ことばが社会や個人の生活に深く根をおろしていることは誰しも認めることですが、それは単に社会構造を反映しているというだけでなく、逆にことばの実践によって社会構造の構築に働きかけてもいるのだということを認識すべきでしょう。

練習問題

1. 本章であげられていた、「言語」と「方言」を区別する3つの基準とはどのようなものでしたか。自分のことばでまとめてみましょう。
2. 威信 (prestige) と傷痕 (stigma) という2つの術語について、「ステレオタイプ」ということばを用いながら説明してみましょう。
3. ラボフの研究から、どのような話者が最も過剰修正 (hypercorrection) をする傾向があることがわかりましたか。「社会的属性」ということばを用いて説明してみましょう。
4. 映画やテレビドラマを観て、あるいは、実際の会話の中で、Tannen (1990) の研究であげられていたようなアメリカ人のコミュニケーションにみられる男女差を実感したことがありますか。ある場合は、Tannen (1990) の研究結果と自身が感じた男女差に違いがあるか考えてみましょう。ない場合は、ジェンダーの違いに注目してアメリカ英語話者の会話を観察してみましょう。

注
1 例えば、日本語では、沖縄のことばを「方言」と位置づけていますが、ユネスコでは「言語」として位置づけています(Moseley, 2010)。
2 1929年から2003年までヨーロッパに存在したユーゴスラビアでは、セルボ―クロアチア語、スロベニア語、マケドニア語など複数の「言語」が話されていました。これらは言語学的には同一言語の方言でしたが、民族の違いによって異なる「言語」であると判断されてきたのです。
3 アシュケナージ系ユダヤ民族によって使用されている言語。ドイツ語にヘブライ語やスラブ系言語が混合しているとされています。表記も伝統的にはヘブライ文字表記を使用します。
4 "The score is clearly unrepresentative, being lower than both the RPS [reading phrases] and FS [formal style] scores and male MMC [middle middle class] score, and is due to the fact that only a very small number of instances of this variable happened to be obtained" (Trudgill, 1974, p.93).
5 ニューヨークの英語は、元々はイギリス英語と同じく non-rhotic でしたが、世界恐慌(1929)以降、rhotic の発音の方が威信形として広く用いられるようになり、ラボフの調査が行われた1960年代にはこの特徴が確立していました。
6 現在では研究倫理という観点から、事前に調査協力者へ調査内容を周知し、了解を得ることが義務づけられています。

参考文献

ヒューズ, A.・トラッドギル, P. (1984). 『イギリス英語のアクセントと方言―テープによるイギリス英語の社会的・地域的多様性研究序説』(鳥居次好・渡辺時夫・訳). 研究社出版. [原著:Hughes, A., & Trudgill, P. (1979). *English accents and dialects: An introducetion to social and regional varieties of English in the British Isles*. London: Edward Arnold.]

Labov, W. (1972). *Sociolinguistic patterns*. Philadelphia: University of Pennsylvania Press.

Moseley, C. (2010). *Atlas of the world's languages in danger*. Paris: Unesco Publishing.

Tannen, D. (1990). *You just don't understand*. New York: Morrow.

Trudgill, P. (1974). *Social differentiation of English in Norwich*. Cambridge: Cambridge University Press.

トラッドギル, P. (1975). 『言語と社会』(土田滋・訳). 岩波書店. [原著:Trudgill, P. (1974). *Sociolinguistics: An introduction*. London: Penguin Books.]

推薦図書

東照二(2009)．『社会言語学入門(改訂版)―生きた言葉のおもしろさに迫る』研究社．
岩田祐子・重光由加・村田泰美(2012)．『概説 社会言語学』ひつじ書房．
ロメイン, S.(1997)．『社会のなかの言語―現代社会言語学入門』(土田滋・高橋留美・訳)．三省堂．［原著：Romaine, S. (1994). *Language in society: An introduction to sociolinguistics*. Oxford: Oxford University Press.］
真田信治(2006)．『社会言語学の展望』くろしお出版．
田中春美・田中幸子(編著)(1996)．『社会言語学への招待―社会・文化・コミュニケーション』ミネルヴァ書房．

第6章　英語の発話行為

はじめに

　私たちは社会の中で日々、ことばを使って色々なことを行っています。ことばによって実践される「お礼」、「詫び」、「依頼」などの発話行為は、英語ではどのように行われるのでしょうか。相手との関係によって、あるいは行為の重要さによって、言い方に違いはあるのでしょうか。幾つかの事例研究を参照しながら、発話行為について論じます。

6.1　語用論とは何か

　ことばの運用を考える場合、最も大切なことの1つはそれがどのようなコンテクストで使用されるのかということです。同じ人でも、相手が違えば違ったことば遣いをするかもしれません。相手は同じでも、状況が異なれば異なったことば遣いをするかもしれません。英語について、このような運用上の現象をどのように調べれば、実態がわかるのでしょうか。

　ことばによって伝えられる発話 (utterance) とその意図 (intention) との関係を、話し手 (speaker)、聞き手 (hearer)、コンテクスト (context)、指示対象 (reference)、社会・文化的前提 (socio-cultural assumption) などを考慮しながら分析する言語学の領域を**語用論** (pragmatics) と言います。**フェルディナンド・ド・ソシュール** (Ferdinand de Saussure, 1857–1913) のことばを借りれば、語用論は**パロール** ("parole", language use) の言語学ということができ、構造としてのことばに焦点をあて、音韻、意味、統語などの言語記号システム

そのものの仕組みを分析する**ラング**("langue", language system)の言語学を補完するものだと言えます。

　例えばチェスを例に考えてみましょう。チェスのゲームをするには、まずルールブックに書いてあるそれぞれの駒の動かし方を知らなければなりません。しかし、ゲームに勝ちたいと思うなら、どの駒がどのように動くかを知っているだけでは不十分であり、ゲームを有利に進めるための駒の動かし方を考えなければなりません。必ず相手の駒も動くので、刻々と変化する状況にあった次の手を順次考えていかなければなりません。ことばも同様に、文法・語彙・発音などのルール(統語論、意味論、語彙論、音韻論)を理解しているだけでは、上手くコミュニケーションがとれるとは限りません。実際の状況にあったことばの使い方を知っているかいないかで、私たちのコミュニケーションが変わってくるということは、常々経験していることです。このように、いわばことばという観点から対人コミュニケーションをみていくのが語用論なのです。

　語用論という分野は多岐にわたっていますが、その中心的課題としてあげられるものに、**発話行為**(speech act)と**談話分析**(discourse analysis)があります。本章では、まず発話行為に焦点をあてて概説し、次章でポライトネスと談話分析を扱います。

6.2　お礼

6.2.1　発話行為の仕組み

　「言う」ということが同時に別の「行為」を遂行している場合を発話行為と言います。例えば、陳述、依頼、許可、お礼、詫び、約束、誉め、批判、訂正、忠告、警告、同意、提案、確認、疑問、否定などです。これらの行為はことばによって行われる場合がほとんどですが、その場合発話行為ということになります。言うことと意図することが同じ場合(直接的発話行為)もあれば、言うことと意図することが違う場合(間接的発話行為)もあります。

　同じ言語を話し、同じ社会に属し、頻繁に遭遇する場面で行われるのならば、言うことと意図することが違っていても、その違いに気づくことが容易

で、誤解が生じることも少ないと言えます。反対に、慣れない場面や知らない相手、外国語によって発話行為を行う場合には、誤解の生じる可能性は高くなることが予想されます。それは、場面に応じて、発話行為をいつ、どのように、どのぐらい行ったらよいかには、話し手と聞き手の力関係、親疎関係、発話行為の必要度、聞き手への負担度などが関わり、言語、文化、状況、個人によっても差があるとされているからです。

　では、「お礼」を例に発話行為の仕組みについて考えてみましょう。私たちはさまざまな場面でお礼をします。お礼は、ことばで行うこともできますが、行動でも、日本ならばお辞儀、英語圏ならば相手の両手を包み込むようにしたり、親しい間柄では、抱擁したりします。ことばによるお礼にはどのようなやり方があるでしょうか。

　まず、相手への感謝の気持ちを率直に言うことがあげられます。次に、相手の好意、助言、贈り物などに対するほめことばを言うこともあります。このようにある発話行為を成り立たせている発話内容の原則のことを**ストラテジー**(strategy)[1]あるいは**意味公式**(semantic formula)[2]と言います。お礼のように日常生活の中で頻繁に営まれ、かつ社会生活を円滑にするために重要な発話行為は、ストラテジーがある程度決まっており、またそれを実行する言語表現も定型化し慣習的に使われることが多いという特徴があります。

6.2.2　英語による「お礼」のストラテジー

　英語を例にみてみましょう。お礼を実行する具体的な表現を丁寧さの順に並べてあります。最もフォーマルで丁寧さの度合いが高いものからカジュアルなものへという順番です。

1) **感謝を言う。**
　"I am grateful for your help."
　"I'd like to appreciate your help."
　"I'd like to thank you for your help."
　"Thanks for your help."
　"Thank you."

"Thanks."

　「お礼」の第1のストラテジーは、定型化された表現をとり、直接的発話行為として機能しています。最も一般的な定型表現はもちろん、"thank you"ですが、"grateful"、"gratitude"、"appreciate"、"appreciation"などは、どれも定型化されて使われます。お礼を言う相手との親疎関係や地位の上下関係、お礼の対象となっている相手の好意的行為や出来事の内容、お礼を言う必要性などに応じて、表現のフォーマルさ、丁寧さ、副詞句（very、really、very much、extremely、indeed、a lot）による強調の度合いが変わります。

2）　相手の好意に対するほめことばを言う。
　　"It was very kind of you."
　　"You've been very kind."
　　"It saved me a lot of time and trouble."
　　"This means a lot to me."

　第2のストラテジーについては、場面によってさまざまな可能性があります。いわゆる定型表現というわけではありませんが、頻繁に用いられる例をあげています。状況に応じて、具体的に述べることも効果的です。視点は、相手に置く場合と話し手自身に置く場合があります。
　発話の順序ですが、お礼の定型表現を必ずしも最初に言う必要はなく、順番はどちらが先でも構いません。また、どちらだけでも充分にお礼の意図が伝わる場合もあります。第2のストラテジーのみを使用してお礼を行えば、間接的発話行為によるお礼ということになります。コンテクストに応じて、具体的に微に入り細に入り述べることもできますし、定型表現だけで済ませることもできます。

6.2.3　「お礼」の日英比較

　ここで、日英のコミュニケーションの違いという観点から注意したいことが、2つあります。第1は、いつお礼を言うかという発話行為の行われるタ

イミングに関わります。日本語では、過去にさかのぼって「先日はどうもありがとう」のようにお礼の発話行為を行うことができます。しかしながら、英語では相手からの好意が示されたその時にお礼を行えば、それで充分なのです。わざわざ過去にさかのぼりお礼を言うことはしなくても構いません。そのかわり、お礼を言うときには充分にことばを尽くして行う傾向があります。

第2は、発話行為で伝えようとする意図は同じであっても、定型表現は、異言語で同じとは限らないということです。よく知られていることですが、日本語ではお礼を表す定型表現として、「すみません」や「ごめんなさい」のような一見すると詫びの表現が用いられることがあります。これを英語に直訳して、"I'm sorry."とか"I apologize."と言っても、英語ではお礼の発話行為にはなりません。なぜなのでしょうか。

Coulmas(1981)では、「恩義、負い目」(indebtedness)という概念を使い、日本語とヨーロッパ諸語のお礼の発話行為を比較しています。表6.1に示すとおり、英語では感謝と遺憾(regret)の意を表明する場合、定型表現が一対一で対応しています。相手への恩義、負い目という面からみると、英語の感謝ではそのような恩義、負い目を感じることは無いかわりに、遺憾の表明では、恩義、負い目を表現する場合が「詫び」という発話行為になり、表明しない場合が、「遺憾(残念、無念)表明」の発話行為になります。ところが、日本語では、「すみません」という相手への恩義、負い目を伝える表現によって、「感謝」と「遺憾」の意の両方を表わすことができるのです。別の言い方をすれば、日本語の「お礼」という発話行為は、相手への「感謝」を述べても、恩義、負い目を述べてもよいというわけです。このように、言語

表6.1 発話行為の分類と表現の日英比較(お礼・詫び・遺憾)

意図	感謝		遺憾	
恩義、負い目	無	有	有	無
英語表現	Thank you.	(該当なし)	I'm sorry.	
日本語表現	ありがとう	すみません		残念です
発話行為	お礼		詫び	遺憾表明

表現と発話行為の対応は、言語によって異なる場合があるということを覚えておくとよいでしょう。

6.3 詫び

お礼と並んで重要な発話行為に、「詫び・謝罪」があります。お礼が好意的な人間関係を促進するのに寄与しているのとは反対に、謝罪は、それを適切に行えないと、良好な人間関係を崩してしまう危険性があるという意味で、生活にかかせない発話行為です。したがって、詫びや謝罪の発話行為は、お礼の発話行為よりも複雑なストラテジーを駆使して自分の過失が相手にもたらした不利益や不快感を軽減しようとします。

6.3.1 「詫び」という発話行為

では「詫び・謝罪」とはどういう発話行為なのでしょうか。詫びのストラテジーについては、以下の 6 種類に分類して考えてみましょう（平賀, 1996, pp.14–15 参照）。

1) **定型表現を用いた直接的な発話行為を行う。**
   詫びの定型表現は慣習化されており、文字通りの意図を伝えます。したがって直接的発話行為を行っていることになります。
2) **過失責任の所在について言及する。**
   過失の責任が誰にあったかを述べます。一般には、自分（たち）にあったこと、故意ではなかったこと、相手が正しいこと、狼狽していることなどを言います。しかし、場合によっては自分には責任がないと言明することもこのストラテジーには含まれます。過失の責任が自分にあるということを言うだけでも、間接的発話行為として「詫び・謝罪」を遂行することがあります。
3) **過失の生じた原因について説明する。**
   過失がなぜ生じたのかについて、客観的な事実を説明します。

4) 弁償の提案を行う。
   過失によって損害が生じた場合に、弁償を提案します。
5) 過失を繰り返さないことを約束する。
6) 相手への気配りを示す。

6.3.2　英語による「詫び」のストラテジー

英語で詫びる場合には、どのようにストラテジーが使われるのかについてみていくことにしましょう。

1) **定型表現を用いた直接的発話行為**

日本語と同様に、定型表現を用いるのが英語の詫びの代表的なストラテジーです。

"I truly apologize."
"I apologize."
"I'm very sorry."
"I'm sorry."
"Sorry."
"I was wrong."
"It's my fault."

2) **過失の責任の所在についての言及**

「過失の責任の所在」は話し手である自分にある場合が多いのですが、自分には責任はないのに相手が(不当に)責めてくる場合もあり得ます。そのような場合には、過失の責任が自分には無いということを表明することもあるのです。

・自己責任の表明
"It was my responsibility."
"My mistake."

・故意の否定

"I didn't mean to (upset you)."

・相手の正当化

"I fully understand your frustration."

"You're right to be angry."

・狼狽の表現

"I feel awful about it."

"Oh, my God. I just don't know what to do."

・事実の容認

"I haven't read it yet."

"I forgot about it."

・罪の否認

"I wasn't wrong!"

"It was your own fault."

"I'm the one to be offended."

3) 過失の生じた原因についての説明

　責任の所在への言及は主観的な表明の場合もありえますが、過失の生じた原因について客観的にかつ具体的に説明することも詫びの重要なストラテジーです。

（遅刻を詫びる場合の原因）

"There was a terrible traffic jam."

"My tutor kept me late."

4) 弁償の提案

　過失によって生じた破損を弁償すると提案したり、相手が被った不利益に対して何らかの措置を講じることを表明します。

"Please let me pay for the damage."

"Please allow me to replace it."

"I'll do my best to make it up to you."

5） 過失を繰り返さない
　過失を二度と繰り返さないことを約束します。
"I'll never repeat such a mistake."
"I won't let it happen again."

6） 相手への気配り
　過失の与えた影響を気遣い、相手への心配りを表します。
"Are you all right?"

　具体的な謝罪の場面では、過失の程度、謝罪義務、相手との力関係、親疎関係に応じていくつかのストラテジーが組み合わされて使われることがあります。また、順番も一律ではなく、定型表現が最初に来ることもあれば、最後に来ることも、繰り返して用いられることもあります。もちろん、重大な過失、相手が上位の関係の場合には、丁寧度もあがり、ことばを尽くして詫びることになります。

6.3.3 「詫び」の日英比較
　発話行為の仕方に文化や言語の違いが反映されることがあるということは上述しました。「詫び・謝罪」という発話行為については日英ではどのような違いがみられるのでしょうか。
　発話行為が異言語でどのように行われるかを調べる方法には色々ありますが、ここでは**談話完結テスト**（Discourse Completion Test, DCT）という質問紙調査によってデータを収集した事例研究（Blum-Kulka et al., 1989；平賀, 1996）を紹介しましょう。この質問紙は、下記にあげる8つの場面で、それぞれ相手に何と言って詫びるかを調査協力者に母語で答えてもらうように談話形式で記入するように作られています（Cf. Blum-Kulka et al., 1989, pp.14–15）。

1) Paper: A university professor promised to return the student's paper that day but did not finish reading it.
2) Book: A student borrowed her professor's book, which she promised to return that day, but forgot to bring it.
3) Interview: A staff manager has kept a student waiting for half an hour for a job interview because he was called away to an unexpected meeting.
4) Restaurant: The waiter in an expensive restaurant brings fried chicken instead of boeuf à la maison to a surprised customer.
5) Meeting: A notoriously unpunctual student is late again for a meeting with a friend with whom she is working on a paper.
6) Driver: A driver in the parking lot backs into someone else's car.
7) Insult: The speaker offended a fellow worker during a discussion at work. After the meeting, the fellow worker comments on the incident.
8) Bus: The speaker has placed a shopping bag on the luggage rack of a crowded bus. When the bus brakes, the bag falls down and hits another passenger.

DCTの例

At the College teacher's office

A student has borrowed a book from her teacher, which she promised to return today. When meeting her teacher, however, she realizes that she forgot to bring it along.

Teacher: Miriam, I hope you brought the book I lent you.
Miriam: _____.
Teacher: OK, but please remember it next week.

　これらの8場面は、謝罪という発話行為を左右する要因である謝る人と謝られる人の親疎関係、力関係、過失の程度、謝罪義務がすべて異なるように作られています。大学生を調査協力者として、日本語、英語、フランス語、ドイツ語で行われた質問紙調査の結果を図6.1にまとめました。
　まず、定型表現による直接的発話行為と責任の所在への言及という謝罪の

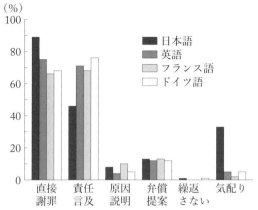

言語	日本語	英語	フランス語	ドイツ語
調査協力者数(N)	45	1526	882	200
直接謝罪行為	89	75	66	68
責任への言及	46	71	68	76
原因の説明	8	4	10	5
弁償の提案	13	12	13	12
繰返さない	1	0	0	1
気配り	33	5	2	5

図 6.1　謝罪ストラテジーの比較(%)
(平賀, 1996, p.17)

ストラテジーが圧倒的に多いということがわかります。さらに日本語と英語を比較すると、日本語は謝罪の直接的発話行為が際立っていますが、過失責任の所在への言及はやや少ないと言えます。英語では謝罪の直接的発話行為と責任の所在への言及とが、ほぼ同じ割合で出現しています。相手への気配りは英語ではほとんど皆無ですが、日本語では比較的頻繁に用いられているということもわかります。

次に、場面別の比較をしてみましょう。

まず、図 6.2 に示すとおり、日本語ではすべての場面で定型表現を用いて直接発話行為によって詫びることが多いのに比べ、英語では場面によって直接発話行為をとる度合いが変わるということがわかります。

一方、責任の所在への言及というストラテジーについては、英語ではほとんどの場面で使われているのに対し、日本語では親しい間柄(レポート、

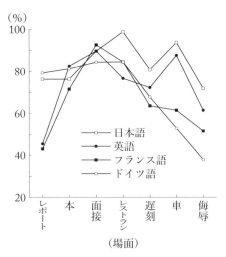

図 6.2　直接謝罪行為の場面別比較
（平賀, 1996, p.18）

本、遅刻）では 60%以上の頻度で出現しますが、疎遠な関係の場面（面接、レストラン、綱棚）ではあまり使われず、代わりに弁償の提案や相手への気配りが行われる傾向があります。責任の所在への言及は**ウチ集団**における本音の謝罪行為、一方、弁償の提案や相手への気配りは**ソト集団**に対しての建前の謝罪行為、という傾向が日本人のデータからうかがえます。

　以上をまとめると、日本語はどの場面でも定型表現を使って直接的発話行為を行うことが顕著にみられますが、謝る人と謝られる人との力関係や親疎関係によって他のストラテジーとの組み合わせ方が異なるところに特徴があり、英語は謝罪の直接発話行為と過失責任への言及がほとんどの場面において頻繁に用いられ、日本語ほど人間関係に関わる社会的要因は影響しないということがわかります。つまり英語では人間関係よりは自分の犯した過失によって謝罪行為が左右されていると解釈することも可能です。

6.4 依頼

6.4.1 「依頼」という発話行為

　詫びや謝罪が過去に対する言及を行う発話行為であるのに対して、依頼は未来に起こる行為に対する発話行為です。謝罪が自らの過失についての発話行為であるのに対し、依頼は相手の行為を促すための発話行為でもあります。このように発話行為として一種対照的な特徴をもつこの2つの発話行為は、ともに社会生活の中できわめて重要であるため多くの研究がなされてきました。

　依頼という発話行為は通常、次の3つの部分からなります。1)は必須ですが、2)や3)は省略されることもあります。

1) 依頼の中心的行為
　直接的、間接的に依頼行為を遂行するストラテジーによって構成されています。
2) 相手の注意喚起
　名前、肩書きなどを使って相手に呼びかけたり、相手の注意を引く表現を使用したりします。
3) 補助的言及
　要請内容について強調する場合もあれば、緩和する場合もあります。

　「依頼」のストラテジーは、3種類に大別できます。

1) **直接的な依頼**
　命令文や「お願いする」という動詞を含む言い方や、「〜してほしい」という言い方を用いて、明確に依頼の意図を伝えるやり方。
2) **慣習化された間接的な依頼**
　依頼が行われる言語コミュニティで慣習化された定型表現を用います。定型表現には、(a)提案する形で依頼する場合、(b)依頼を実現するための条件が整っているかどうかを問う場合があります。

3) ヒント

慣習化されていない間接的な依頼表現が含まれます。明示性の強いヒントには、聞き手によって依頼として理解されますが、明示性の低いヒントは、必ずしも依頼行為の意図が伝わるとは限りません。

これらのストラテジーの中で最も頻繁に用いられるのは、2)の慣習化された間接的依頼行為です。依頼は、相手に与える負担の度合い、相手との力関係や親疎関係によってさまざまなかたちで実現されますが、謝罪と同様、文化による差異もみられます。また、依頼は、相手に負担になることが予想され、その意味で、丁寧さが要求されます。間接的な依頼が好まれる理由もそこにあると言えるでしょう。

6.4.2　英語による「依頼」のストラテジー

では、依頼の中心的行為のストラテジーが英語ではどのような表現をとって使われるのかをみてみましょう。表6.2に示すとおり、①から⑤のストラテジーは、直接的依頼行為として機能し、強い依頼の意図が伝わることになります。⑥および⑦は間接的依頼行為のストラテジーです。字義通りでは、「提案」や「質問」を表しているのですが、慣習化して「依頼」として使われています。⑧と⑨は非慣習的なヒントです。間接性は最も高いのですが、非慣習的なので、「依頼」としての意図が相手に伝わらない場合もあり得ます。

依頼の中心的行為を遂行する前に、まず相手の注意を喚起することがあります。これらは**注意喚起表現**(attention getters)と呼ばれています。

1) 一般的な注意喚起表現(**General attention getters**)

Excuse me; hey; hello; etc.

2) 呼称(**Address terms**)

・肩書き、役割、名前(例：sir; waiter; John; etc.)

・愛情表現(例：honey; darling; sweetheart; etc.)

・代名詞(例：you; you guys; etc.)

表 6.2　英語による依頼のストラテジー
(Blum-Kulka, 1987, pp. 131–146 参照)

間接性	ストラテジー	例
直接依頼	①命令法	"*Clean* up the kitchen."
	②明確な依頼遂行表現	"I *am asking you* to move your car."
	③緩和された依頼遂行表現	"I *have to ask you* to clean here."
	④義務表現	"You'll *have to* move your car."
	⑤要望表現	"I'*d like to* borrow your notes."
慣習的間接依頼	⑥提案表現	"*How about* cleaning up the mess?"
	⑦依頼が実行可能かどうかについての予備的質問	"*Could you* give me a ride?"
非慣習的間接依頼	⑧明らかなヒント	"*Will you be going home now?*" (Give me a ride)
	⑨曖昧なヒント	"*You've been busy, haven't you?*" (Clean the kitchen)

　依頼の補助的言及としては、以下の2つの種類があり、場面に応じて使い分けられています。

1）　強調（Aggravating）
"Stop bothering me *or I'll call the police*."

2）　緩和（Mitigating）
"Could you clean up the mess? *I'm having some friends over for dinner tonight*."

　上記の具体例にもあるように、補助的言及は依頼のストラテジーと組み合わされて使用され、依頼行為の強さを調節する働きを担います。

まとめ

　本章では発話行為の諸相について学び、ひと口にお礼、詫び、依頼と言っ

ても、誰が、誰に対して、何について、いつどこでコミュニケーションを営むのかによって、その様相が可変的であることについての認識を深めました。発話行為は、文字通りの意味を伝える直接的行為として実現するばかりでなく、文字通りの意味と伝える意図が異なる間接的発話行為として実現する場合もあります。ことばのおもしろさと不思議さがこういうところにも表れているのです。ことばの営みが常にコンテクストに深く根ざしていること、と同時に文化差や言語差がみられることも重要です。同じ発話行為でも、言語が違えば使用するストラテジーの組合せ方にも差があります。発話行為は人間関係を構築する上で非常に大切なことばの営みの1つだと言えるでしょう。このようなことばの仕組みに気づくこと(awareness)は、コミュニケーションを円滑に行う上でも大切なことです。

練習問題

1. 「直接的発話行為」と「間接的発話行為」の違いは何ですか。具体例をあげ、説明してみましょう。
2. 表6.1「発話行為の分類と表現の日英比較(お礼・詫び・遺憾)」の表を自分のことばで説明してみましょう。
3. 日本語と英語では、謝罪する際に用いられる謝罪のストラテジーが異なっていました。なぜそのような違いがあるのか、考えてみましょう。
4. 異言語間における、謝罪、詫び、依頼などの発話行為の違いを調べるには、どのような調査法があるでしょうか。本章で扱われているDCT以外に、どのようなものがあるのか、調べてみましょう。

注

1　Blum-Kulka, et al. (1989) を参照。
2　Bardovi-Harlig (2001, pp.13–32) を参照。

参考文献

Bardovi-Harlig, K. (2001). Evaluating the empirical evidence: Grounds for instruction in pragmatics? In Rose, K. R., & Kasper, G. (Eds.), *Pragmatics in language teaching* (pp.13–32). Cambridge: Cambridge University Press.

Blum-Kulka, S. (1987). Indirectness and politeness in requests: Same or different? *Journal of Pragmatics 11*, 131–146.

Blum-Kulka, S., House, J., & Kasper, G. (1989). *Cross-cultural pragmatics*. Norwood, NJ: Ablex.

Coulmas, F. (1981). Poison to your soul: Thanks and apologies contrastively viewed. In F. Coulmas (Ed.), *Conversational routine* (pp.69–91). The Hague; New York: Mouton.

平賀正子（1996）．「ことばと行為」宍戸通庸・平賀正子・西川盛雄・菅原勉（編著）『表現と理解のことば学』(pp.7–14)．ミネルヴァ書房．

推薦図書

オースティン・J・L.（1978）『言語と行為』(坂本百大・訳) 大修館書店．〔原著：Austin, J. (1962). *How to do things with words*. Cambridge, MA: Harvard University Press.〕

サール・J・R.（1986）．『発話行為：言語哲学への試論』(坂本百大・土屋俊・訳) 勁草書房．〔原著：Searle, J. R. (1969). *Speech acts: An essay in the philosophy of language*. Cambridge: Cambridge University Press〕

鈴木利彦（2012）．『はじめての英語スピーチアクト』南雲堂．

第 7 章　英語のポライトネスと談話分析

はじめに

　前章に引きつづき、英語の語用論について概説します。最初に、対人関係において円滑なコミュニケーションを営むためのことばの使い分け——**ポライトネス**(politeness)——について概観し、「依頼」という発話行為の事例研究を例に考察します。続いて、**談話分析**(discourse analysis)を取り上げ、あいづちの打ち方や話の順番取りについて、事例研究を参照しながら談話にみられる文化差を分析します。

7.1　ポライトネス

7.1.1　ポライトネスとは何か

　ポライトネス(politeness)という語は、一般には、「丁寧さ」や「礼儀正しさ」と訳されますが、語用論では少し違う意味で用いています。語用論で使われる**ポライトネス**というのは、円滑なコミュニケーションを営むための言語使用に関わる、対人関係構築(他者への配慮)の原理やそれを具体的に実践するための**ストラテジー**(strategy、方策)をさします。

　では、そもそも「円滑な」コミュニケーションとは何をさすのでしょうか。2つの要素があると思います。第1に、「円滑に意味が伝わる」という点、第2に「良好な人間関係を構築する」という点です。

　第1の点については、**協調の原理**(Cooperative Principle)という考え方が参考になります。私たちが日常経験していることですが、発話の意図という

のは、いつでも文字通り伝えられるというわけではありません。言外の意味が伝わる場合もあります。私たちは、特定のコンテクストに応じて、話し手の意図を解釈し、伝達という意味での円滑なコミュニケーションをはかろうとしています。このとき働いている原則のことを**協調の原理**と言います。しかしながら、相手の意図が伝わっても、その人との人間関係が常に良好に保てるとは限りません。そこで、第2の点が大切になります。つまり、他者への配慮をことばにして表現することによって、人間関係という意味で円滑なコミュニケーションをはかろうとするのです。この方策が**ポライトネス**なのです。

7.1.2 協調の原理

　言語哲学者の**ポール・グライス**(Paul Grice, 1913–1988)は、会話においては文字通りの意味以上のことが伝えられていること、つまり言外の意味がどのように含意され、相手に解釈されるのかに興味をもっていました。発話の理解にあたっては、言語表現の解読のみでは不十分で、かならず聞き手による**推論**(inference)が必要とされると考えていたのです。彼は、会話というのは参加者の協調の上に成り立っているという大前提をたて、**協調の原理**と呼びました。協調の原理は次の4つの公理(Conversational Maxims)によって支えられているとされています。

①**量の公理**(Maxim of Quantity)
　　　必要十分な情報を与えなさい。必要とされる以上の情報を与える必要はありません。
②**質の公理**(Maxim of Quality)
　　　偽であると信じていることを言ってはいけません。
　　　はっきりした証拠のないことを言ってはいけません。
③**関係の公理**(Maxim of Relation)
　　　関連性のある発話をしなさい。
④**様態の公理**(Maxim of Manner)
　　　曖昧さを避け、明快、簡潔、順序よく言いなさい。

これらの公理は、会話を支配している暗黙の原則と言ってもいいでしょう。したがって、一見公理からは逸脱しているようにみえる会話でも、実は深いレベルではそれらが遵守されていると考えます。つまり、私たちは公理に則って、**会話の含意**（Conversational Implicature）を解釈しているのです。例えば、次の会話をみてみましょう。

（１）　昼時の秘書同士の会話
Ann:　　　Will you be here for another 20 minutes or so?
　　　　　（あと 20 分ぐらいはここにいる？）
Hayley:　 Go ahead and grab your lunch.
　　　　　（昼食をとっていらっしゃい。）

　この場合、Hayley は Ann の質問に直接答えているわけではありません。表面的には、質問内容とかみあっていないことを言っているかのようにも思えます。「関係の公理」から逸脱しているわけです。しかし、両者が協調関係を保とうとしているという前提に立ち、発話に関係づけて推論すれば、Ann の問いの含意は、「昼食のために 20 分程度中座したい」ということであり、Hayley は、その含意に答えているということになります。

（２）　(Leech, 1983, p.80 および井上, 2001, p.127 参照)
Ben:　　　We'll all miss Bill and Agatha, won't we?
　　　　　（私たちはみんな、ビルとアガサがいなくて寂しがるだろうね。）
Tom:　　　Well, we'll all miss Bill.
　　　　　（うーん、ビルがいなくてみんな寂しがるだろうね。）

　Tom の発話は、アガサに言及していないという点で、「量の公理」を十分に満たしていないと言えます。しかし、例えば「量の公理」、「質の公理」に沿って "We'll all miss Bill, but not Agatha." と明言すると、どうでしょうか。情報は明確になるかわりに、アガサに対しても発話者 Ben に対しても無礼という代償がともなってしまいます。(2)の状況で Ben は、Tom がアガサへ

の言及を避けたことへの推論を行い、Tom の発話の意図(他者配慮)を解釈しようとします。

　上記の(1)(2)からわかることは、仮に会話の公理を逸脱していても「協調の原理」に従い推論を行うことによって相手の意図(「会話の含意」)を解釈でき意味を円滑に伝えるだけでなく、状況によっては他者(聞き手)への配慮を示すことも可能であるということです。

7.1.3　Brown & Levinson (1987) のポライトネス理論

　ペネロピ・ブラウン(Penelope Brown, 1944–)と**スティーヴン・レヴィンソン**(Stephen C. Levinson, 1947–)はグライスを前提に、協調の原理・4つの公理からの逸脱の動機付けを**ポライトネス**に求め、新しい理論を構築しました[1]。彼らの理論では、ポライトネスを説明するために、社会学者**アーヴィング・ゴッフマン**(Erving Goffman, 1922–1982)の**面目／面子**(face)の概念を援用したことに特徴があります。彼らは、面目を願望と捉え、それを満たしたり脅かしたりするという点に焦点化しました。

　私たちが人と関わり相互行為を行う場合には、常に2つの面目(公的な自己イメージ)が関わります。第1に**消極的面目**(negative face)―押しつけられたくない、自由を阻害されたくないという願望、独立(independence)の願望、第2に、**積極的面目**(positive face)―他人によく思われたい、友好的に思われたいという願望、連帯(solidarity)の願望です。例えば、人を招待するときに、相手の消極的面目に配慮すれば、"It would be nice if you could come." (いらしていただければ嬉しいのですが) のように相手の自由意志を最大限に尊重するふるまいをするのに対して、積極的面目に配慮すれば、"You must come." (来なくちゃだめだよ) のように相手との心理的距離を近くとり、仲間であることを強調するようなふるまいをします。

　さらに、ブラウンとレヴィンソンの理論では、発話は潜在的に**面目を脅かす行為**(Face Threatening Acts, FTA)であると考えられています。表7.1に示すとおり、発話行為の性質によって、脅かされるのは発話者自身の面目の場合もあれば、相手の面目の場合もあります。

表 7.1　発話行為と脅かされる面目

	消極的面目	積極的面目
相手の面目	命令、忠告、脅迫、依頼、助言	不平、非難、反論、批判、断り
自分の面目	申し出の受け入れ、謝辞の受け入れ、気のすすまない約束	謝罪、誉めの受け入れ（謙遜しなければならないため）、告白

　例えば、「命令」や「依頼」は相手の自由を束縛するわけですから、相手の消極的面目を脅かす行為です。反対に、「謝罪」はよく思われたいと思っている自分の積極的面目を脅かす行為だと言えます。

　面目を脅かすリスクは、(1) 話し手と聞き手の社会的距離、(2) 両者の力関係、(3) 特定の文化における当該行為が与える負担度によって決まると考えられています。つまり、私たちは相手との社会的距離や上下関係を測り、その上でこれから行う行為が相手（あるいは自分自身）に与える負担の度合いを算定します。これらを総合的に考えて、FTA のリスクを見極め、どのようなポライトネスの方策をとるかを決定するのです。

　面目を脅かす行為をどのように行うかについて、ブラウンとレヴィンソンは、図 7.1 のように 5 つの方策を示しています。

　具体例として次のような場面を考えてみましょう。あなたの住んでいる部屋の隣の住民がパーティをしています。すでに深夜 12 時を過ぎていますが、音楽や話し声は一向に静まる気配がありません。図 7.1 にしたがって、どのような方策がとれるかを考察しましょう。

　まずこの場面で考えられる FTA として、パーティを深夜までやっている隣人に「苦情を言う」ことや「静かにして欲しいという要請を行う」ことが考えられます。このような FTA を行使しない①行為回避では、「黙って耐える」ことになります。行使する場合ですが、②非明示的に (off record) ほのめかす場合には、例えば皮肉的なイントネーションを使って、"Oh, you're having fun!"（お楽しみですね〜）などと言います[2]。一方、明示的な方策をとる場合ですが、面目を脅かす程度を軽減する**矯正策** (redressive action) を加えるかどうかが問題となります。③面目への配慮をせずあからさまに "Shut up!"（静かにしろ！）ということも可能ですが、人間関係は壊れます[3]。④相

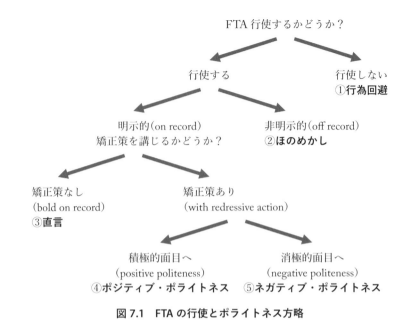

図7.1　FTAの行使とポライトネス方略

手の積極的面目を立てる場合には、"Hey, it sounds like you're having fun. Can I join the party?"（楽しそうだね。僕も仲間にいれてよ）のように、連帯感を強調します。相手の消極的面目を配慮する場合には、"Excuse me. I know you're having a party and enjoying yourselves. But could you please lower the music? It is late and I really have to get up early for work tomorrow."（お楽しみの所お邪魔します。夜も随分ふけてきましたので、少しトーンダウンしていただけませんか。明日早いものですから）のように相手への要請の押しつけ（imposition）をできるだけ軽減する方法をとります。

　面目を脅かす行為を行う場合には、それを軽減する矯正策が用いられるのが一般的です。FTAのリスクを測り、コンテクストに適したポライトネスの方策がとられることになります。2つの面目にしたがって、それぞれ**ポジティブ・ポライトネス方略**（positive politeness strategy）、**ネガティブ・ポライトネス方略**（negative politeness strategy）と呼ばれています。表7.2および7.3ではそれぞれの方略の特徴を例と共に示します。これらの方略をFTAの発話行為と一緒に使用することによって、面目への脅かしを軽減し、対人

関係を円滑にするコミュニケーションに貢献することになるのです。

表 7.2　ポジティブ・ポライトネス方略
(Brown & Levinson, 1987, pp.101-211 および井出, 1988, pp.49-50 参照)

特徴	例
相手への興味、共感、賛辞を表明	*You must be hungry*, it's a long time since breakfast. *How about some lunch?*
仲間意識を共有できる表現を使い連帯感を演出	Come here, *mate/ buddy/ pal/ honey/ luv/ sweetheart/ Mom/ Dad/ Johnny/ Beth*, etc.
冗談を言う	How about lending me this *old heap of junk*?〔本当は格好いい新車をさして〕
不一致を避け、同意点を探す	A: That's where you live, Florida? B: That's *where I was born*.
楽観的に言う	Look, *I'm sure you won't mind* if I remind you to do the dishes tonight.
理由を聞く	*Why don't* we go to the seashore!

　積極的面目とは、人から評価されたい、友好的だと思われたいという連帯、共感の願望です。そういう願望に配慮したポジティブ・ポライトネスとは、自分と相手とが共通の立場を堅持しており、相互に対等な立場でのやりとりを心がけていることを表明することになります。したがって、心理的距離をできるだけ少なくし、相手との衝突を避け、相手への興味や賞賛を示すことによって円滑な対人コミュニケーションを図ろうとすることになるのです。

　消極的面目とは、人から自由を邪魔されたくない、押しつけられたくないという独立、自律の願望です。そういう願望に配慮するネガティブ・ポライトネスは、相手の負担にならないよう配慮し、相手を立て、自分を卑下したり、詫びたり、義理を負ったりすることで円滑な対人コミュニケーションを図ろうとすることなのです。そのために、間接的でフォーマルな表現が使われ、一般化や非人称化、名詞化されることによって形式張った表現になることもあります。

表7.3　ネガティブ・ポライトネス方略
(Brown & Levinson, 1987, pp.101–211 および井出, 1988, pp.49–50 参照)

特徴	例
習慣的な間接表現を使う	*Can you* please post this letter for me?
疑問文、緩和表現を使う	I *rather* think it's hopeless.
悲観的に言う	*Could* you do X? *Perhaps* you'd care to help me.
相手の負担を軽減するように言う	I *just* want to ask you if I can borrow *a tiny bit of* paper.
相手を高める言い方、自分を卑下する言い方をする	We look forward very much to dining {eating} with you. I think *I must be absolutely stupid* but I simply can't understand this map.
断り、前置き、お詫びを言って依頼する	I'm sure *you must be very busy*, but … I'm *sorry to bother you* …
非人称化する	I'm sorry, but *late-comers* cannot be seated till the next interval.
一般論として言う	*We* don't sit on tables, we sit on chairs, Johnny.
名詞化して言う	Your good *performance* on the examinations impressed us favorably.
相手への義理、負い目を言う	I'll never be able to *repay you* if …

7.2　事例研究―日米の依頼行為にみるポライトネス

　発話行為の中で「依頼」という行為は、相手の消極的面目を脅かし、自分の願望を遂行するという点で、対人配慮が最も必要とされる行為の1つです。適切な依頼行為とは、相手の負担をできるだけ軽減するような配慮を示し、相手に対して丁寧にふるまうことが特徴なので、ポライトネスとの関連で多くの研究がなされてきました。

　中でも、日米の依頼行為にみられるポライトネスの先駆的研究として知られる井出ら(1986)の研究を紹介するとともに、そこで示されたポライトネス理論の新展開を展望します。

7.2.1　依頼とポライトネスの日米比較

　井出ら（1986）は、ポライトネスの表れ方が文化によって異なるということを、依頼という発話行為についての日米調査によって明らかにしました。「ペンを借りる」という依頼行為を親疎関係・社会的地位関係の異なる相手に対して行う場合にどのような依頼表現をとるかということについて質問紙を使用して調べた調査です。

　アメリカ人と日本人の大学生各約500名を調査対象に、日常生活で接する相手に対して、その相手に応じた場面でペンを借りる時、どのような依頼表現を使うかを調べました。大学生たちは、教授、医者、店員、ウエイター、知り合い、親友、母親、弟妹など20の異なる相手に対して、どのような表現を使ってペンを借りると答えたのでしょうか。

　調査結果から、表現の丁寧度を数量化し、それらをどの相手に対して使用したかの相関関係を統計的にまとめました。まず、日本語の場合には相手による依頼表現の使い分けが顕著であることがわかりました。改まった態度で接する相手に対しては、「ペンをお借りしてもよろしいでしょうか？」から「ペンを貸してくれませんか？」のような丁寧度の高い表現を使用し、気楽に接することができる相手に対しては、「ペン借りていい？」「ペン貸して」「ペンある？」などのくだけた表現を用いたのです。

　一方、アメリカ英語の場合には、依頼表現の使い分けは顕著ではなく、依頼する相手と依頼表現の相関関係はあまりみられませんでした。そのかわり、ほとんどすべての相手に使える依頼表現がみられたのです。多様な社会関係にある相手に対して使われた依頼表現は、"Could I borrow a pen?" "Can I borrow a pen?" "Can you lend me a pen?" "Can I use a pen?" の4種でした。ある特定の相手へ使い分けているのではなく、誰に対しても使える表現です。さすがに、最も親しい間柄である兄弟姉妹に対しては、くだけた表現の "Gimme a pen." が使われました。他方、最も親しい間柄以外の多様な相手に対しては、"May I borrow a pen?" の使用が一番頻度が高いということもわかりました。

7.2.2 「わきまえ方式」と「働きかけ方式」のポライトネス

　井出ら(1986)の調査から明らかになった日米の最大の違いは、相手や場面をどこまでわきまえてことばを使うかということです。日本語の結果は、相手に応じて社会的にある程度決められている言語表現を使用するという**わきまえ方式**のポライトネスでした。わきまえ方式によるふるまいは、社会・文化の慣習・規範に従う受動的な行動です。例えば敬語のような言語表現形式にしたがって対人配慮を行うポライトネスだということができます。換言すれば、わきまえ方式では、ポライトネスが生じる「場」によって、そこにいる話し手や聞き手は支配されており、場の規定することばのふるまいに従うという図式なのです(井出, 2005)。

　一方、アメリカ英語では、話し手が積極的に相手に敬意を示したり、距離を調節したりする**働きかけ方式**によるポライトネスのふるまいをすると解釈できます。つまり、人間関係や場の改まりなどであらかじめ言語形式が規定されているわけではなく、話し手がどのような意図で何を言うのかが問題となるのです。「場」に依拠するというよりは、話し手が独立した個人(自己)としてとる対人配慮行動と考えても良いでしょう。前節で概説したブラウンとレヴィンソンのポライトネス理論は、図7.2に示すとおり、働きかけ方式のポライトネスを説明する上ですぐれていると言えます。

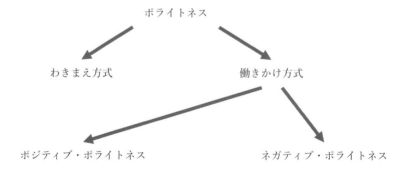

図7.2　わきまえ方式／働きかけ方式と
ポジティブ／ネガティブ・ポライトネスの関係
(井出, 1988参照)

「わきまえ方式」も「働きかけ方式」も、程度の差こそあれ、どの言語にもみられるポライトネスの種類です。どちらの方式がより顕著であるかというところに文化の違いが表れると言った方が現実に即していることは言うまでもありません。

7.3 談話分析

7.3.1 談話とは何か

　語用論という分野の中で、発話行為とならんで重要な研究課題に**談話分析**（discourse analysis）があります。**談話**（discourse）をどのように定義するかについては研究者の立場によってさまざまですが、大別すると2つの見方があります。第1は形式的な見方です。文よりも大きい単位、つまり、文の連なりを談話と考え、文と文の前後関係の構造的な分析を行う場合です。談話の中で、**結束性**や**一貫性**がどのように保持されているかなどについて研究します[4]。第2は機能的な見方です。談話を会話者間の**社会的実践**（social practice）として捉え、コミュニケーションの中でどのような機能を果たすのかに着目します。つまり、ある談話を秩序づけている構造に加え、その談話がどのようなコンテクストで行われているか、談話の参与者の社会的アイデンティティや参与者同士の関係、そして、その談話が作り出す人間関係や社会関係などに焦点化した研究がなされています。

7.3.2 談話分析の研究対象

　研究対象となる談話は、話しことばと書きことばの両方にまたがりますが、話しことばを対象としている研究が圧倒的に多いと言えます。話しことばの研究の対象となる談話資料は、現実に行われている会話であるため、録音、録画、面接、実験などの方法によって収集されます。資料は文字化・記号化されて分析されることが多いのですが、この作業には膨大な時間と労力を要します。しかしながら文字化・記号化のプロセスそのものの中に多くの分析のヒントが隠れていることも事実です。

　談話分析、中でも**会話分析**（conversational analysis）と呼ばれる分野では、

自然発話をデータとし、詳細な会話の書き起こし記録をもとに、その構造と機能を明らかにする多くの研究が蓄積されています。会話分析は、帰納的アプローチをとることに特徴があり、1960年代からハーヴィー・サックス (Harvey Sacks)、エマニュエル・シェグロフ (Emanuel Schegloff)、ゲイル・ジェファーソン (Gail Jefferson) らの社会心理学的研究に加え、ハロルド・ガーフィンケル (Harold Garfinkel) ら社会学者によるエスノメソドロジーの影響をうけて発展しました。会話は2人以上の参与者によって相互に行われる行為の連鎖としてみなされ、会話の中で起こるさまざまな現象の生起の仕方、果たす役割などについて考察し、会話という行為が話者間の秩序の構築にどのように貢献するのかについて分析します。特に、会話の開始と終結、隣接ペア (adjacency pair、例えば「問いと答え」や「申し出と受け入れ」など)、話者交替 (turn-taking)、重複、割り込み、誤用や誤解の修復 (repair)、あいづち、ポーズや沈黙、ジェスチャー、視線など、言語使用のみならず非言語的要素も含めた研究が行われています。

　一方、**やりとりの社会言語学** (interactional sociolinguistics) と呼ばれる分野では、演繹的なアプローチをとることが多く、社会構造と談話構造との相互関係に着目し、社会がことばの相互作用にどのような影響をもたらすかについて仮説検証型のデータ観察、分析を行います。言語人類学者の**ジョン・ガンパーズ** (John Gumperz, 1922–2013) によって提唱されたアプローチをさしますが、**場面の手がかり** (contexualizatiaon cue) や**談話フレーム** (discourse frame) などの分析手法を駆使し、コンテクストに根ざした発話意図の解釈、社会文化的前提に照らした参与者間の関係や属する集団のアイデンティティの同定、両者の関係性の解明を目指しました。

　「場面の手がかり」というのは、参与者が解釈上利用する音韻的事象 (ピッチ、アクセント、イントネーション、声の大きさなど)、語彙的事象 (決まり文句や繰り返しの使用など)、統語的事象 (否定文、肯定文、仮定法など文法様式の使用) に加え、会話の始まりと終わり、話者交替など会話進行上のさまざまな現象、2言語 (方言) 間のコード・スイッチングや改まり度のスタイル・シフトなどのことを言います。このような手がかりは、個人や言語コミュニティに応じて解釈が異なるため、それだけ話者の属する文化的特徴を

表出するとされています。

「談話フレーム」とは、談話の相互作用の中で、「今何が意味をもち何が意味をもたないのか」を解釈する際の根拠となる枠組み（Gumperz, 1982）をさします。私たちが会話を行っているときには、そこに必ずコンテクスト―社会的・物理的な環境、会話参与者のふるまいやボディ・ランゲージ、「場面の手がかり」を中心とするさまざまの発話形態、そして社会文化的前提、背景知識など―があります。私たちはこれらコンテクストの情報を手がかりに、何が談話フレームとして働くのかを同定し、今起きているコミュニケーションという出来事の解釈を導くのだとされています。

7.4 事例研究―あいづちの日米中比較

談話分析の一例として、**あいづち**を取り上げ、言語が違うとあいづちの打ち方にも違いがあるのかについて調べた研究を紹介します。あいづちとは、話し手の発話中に聞き手から発せられる短い発話をさします。相手の話を聞いている、理解している、同意しているということを示すために行われる場合もあれば、話者交替に先立って行われたり、話し手に発話を促したりする場合もあります。

Clancy ら（1996）は、日米中の自然発話にみられるあいづちについて研究しました。データは、カリフォルニア大学サンタバーバラ校が収集した会話コーパス[5]を使っています。このコーパスの中から、親しい友人数名同士の会話（日本語、米語、中国語）を抽出し、その会話の中で起こるあいづちの種類と頻度、および発話内のどこであいづちが起こるかを比較しました。

Clancy らの研究では、あいづちなどの言語現象を総称して**聞き手の反応**（reactive tokens）と呼び、「会話を聞き続けているという継続の意味合い、興味、理解を伝える反応」と定義しました。聞き手の反応は、次の5種類に分類されています。

1　あいづち（backchannels）　　　　　短い非語彙的反応
2　反応表現（reactive expressions）　　単語や語句による反応

3	繰り返し(repetitions)	話し手の発話の一部を繰り返すもの
4	再開的反応(resumptive openers)	ターンの始まりに出現する非語彙的反応
5	協力的完結(collaborative finishes)	話し手の発話を聞き手が完結させる現象

この中で、特に頻度が高いのは、あいづち(backchannels)と反応表現(reactive expressions)です。日英語ではそれぞれ表7.4、表7.5のような表現をとります。

表 7.4　日英語のあいづち

日本語	英語
うん、う～ん	hm
あ～	huh
ええ	yep
は～、ほ～	mhm
ふ～ん	uh huh
へ～	oh

表 7.5　日英語の反応表現

日本語	英語
ほんと～、ほんと	oh really/ really
そお、はい	yeah、yes
すごい	gee
そ～、いいよ	okay
いいよ	sure
はい、そのとおり	exactly
いいね	all right
おいおい、へ～	man

　これらの表現の出現頻度や場所を分析し、次のようなことがわかりまし

た。日本人は、非常に頻繁にあいづちや反応表現を使います。発話のどこでもあいづちを打ち、音声だけでなく、首を縦にふる「うなづき」が同時に起こるのが特徴的です。アメリカ英語では、日本語ほどあいづちや反応表現は出ません。イントネーションの切れ目や文法的な切れ目、そして接続詞 and でつながれるところなどに出現します。さらに中国語では、日本語やアメリカ英語に比べ、あいづちや反応表現の出現頻度が低く、イントネーションと文法的な切れ目が一致するところに表れます。

　あいづちのような短い表現は私たちがほとんど無意識に行っていることばのふるまいです。日本語のあいづちに慣れている人々は、相手があいづちを打たないと自分の話を熱心に聞いてくれていないと考えがちです。反対に、普段あいづちをあまり使わない言語圏の人々からみれば、相手が頻繁にあいづちを打つことに対してうっとうしい、自分の発言権が脅かされると感じてしまうかもしれません。Clancy らの研究は、異文化接触場面で私たちがあいづちにみられる文化差に気づかずに、コミュニケーションを行うことの危険性に警鐘を鳴らすものだと言えるでしょう。

7.5　事例研究―課題設定小集団討議の日米比較

　次に紹介する事例研究は、コミュニケーション・スタイルについて日米を比較したものです。Watanabe(1993)は、テーマを設定して行われる小グループによるディスカッションをとりあげ、日米の違いについて実験的な研究を行いました。実験協力者は、アメリカの大学で日本語を学ぶアメリカ人大学生 4 グループ(4 名 1 組)およびアメリカの大学で英語を学ぶ日本人大学生 3 グループ(4 名 1 組)です。

　実験は次のようにデザインされています。まず、それぞれのグループに共通のトピックを与え、母語で自由に話してもらいます。トピックとして選ばれたのは、「なぜ英語(日本語)を勉強するようになったか」および「日本語はアメリカ人にとって、ヨーロッパ言語に比べ難しい言語だと言われているが、これに賛成か反対か。それは、なぜか」という 2 つの設問です。グループ・ディスカッションの所用時間は 15～20 分程度で、オーディオ・テー

プ録音が行われました。

　実験結果として、以下の3つのことがわかりました。

1. ディスカッションの開始時と終了時において、日本人は話者の順番どりを重要視しますが、アメリカ人は順番にはとらわれませんでした。日本人はどのグループでも、誰が最初に発言するか、誰が討議をしめくくるかについて、前もって話し合っていたのです。
2. 第1設問について、日本人は時系列に沿って詳しく説明しましたが、アメリカ人は結果をまず話しました。つまり、日本人は「物語」(storytelling)、アメリカ人は「ブリーフィング」(briefing)という枠組みで話す傾向がみられました。
3. 第2設問について、日本人は同時にいくつもの理由を同一話者が談話の中で説明し、相手との対立を前もって回避しようとしましたが、アメリカ人はあえて意見の対立を回避するようなことはせず、1つの理由を明快に述べることをしました。

　これらの結果が物語るのは、「小グループで行うディスカッション」という談話をどのような「フレーム」で認識しているかについて日米間に違いがみられたということです。まず「ディスカッション」という談話形態について、日本人は慣れていないせいもあり、フォーマルなものと認識しており、談話の始め方や終わり方について形を整える行動をとりました。第1設問については、日本人は「体験談を語る」というフレーム、アメリカ人は「理由を簡潔に述べる」というフレームを使用していました。第2設問でも、アメリカ人は同様のフレームを使用しましたが、日本人は「意見の対立の回避」というフレームをディスカッションに与え、そのためにどちらにも解釈を許すような複雑な(あいまいな)意見を開陳する結果となりました。

　文化によってコミュニケーションのやり方がどのように異なるかについては、画一的には議論できません。それは、談話には必ずコンテクストがあり、参与者は必ず何らかのコンテクストにおいてコミュニケーションという相互作用をしているからです。同じ参与者であっても、コンテクストが異な

れば談話の内容はもとよりそのやり方も異なります。したがって、文化差をみるためにはある程度似たコンテクストでの比較研究が必要になるのです。

まとめ

英語の語用論として本章ではポライトネスと談話分析を取り上げ、理論面での研究成果を概説するとともに、事例研究を紹介し、理解の助けとしました。英語を言語運用の側面から捉えるという語用論の試みは、ことばに関わる大変複雑なプロセスの一端を少しずつ解明していくということに他なりません。そこにはかならず個々の参与者がおり、コミュニケーションが営まれているその場面だけでなく、広くは社会文化的前提や歴史的な背景も含まれるからです。現実的なことばの営みを知る手がかりはこのような試みの中から生まれてくるのです。

練習問題

1. グライスが考えた、「量の公理」と「質の公理」以外に会話の「協調の原理」を支える2つの公理とは何でしたか。また、4つの公理を逸脱しても私たちが円滑なコミュニケーションを行うことができるのはどうしてか、自分のことばでまとめてみましょう。
2. 自分と相手の「消極的面目」および「積極的面目」を脅かす行為として、どのような行為があげられていましたか。その行為が行われる具体的な場面を思い浮かべながら、それぞれいくつかあげてみましょう。
   相手の消極的面目を脅かす行為：
   自分の消極的面目を脅かす行為：
   相手の積極的面目を脅かす行為：
   自分の積極的面目を脅かす行為：
3. ポライトネスがうまくいかなかった場面を具体的に考えてみましょう。
4. 身近な人との会話や、テレビ、映画などの中で、どのようなあいづちが

どのようなタイミングで出現するか観察してみましょう。言語や文化によって、どのような違いがあるかも考察してみましょう。

注

1 詳しくは、Leech (1983) の丁寧さの公理を参照のこと。Brown & Levinson (1987) は Grice (1975) を前提としたリーチの丁寧さの公理を踏襲したとも考えられます。
2 「ほのめかし」は、**会話の含意**が働くことを前提にしているやりかたです。ただし意図を明確に示す発話行為を行うのではないので、含意を推測してもらえない場合もあることに注意しましょう。"Oh, you're having fun!" と言っても、相手に苦情の意図が伝わり、静かにしてくれるかどうかはわからないわけです。
3 「直言」はいわば面目を無視する場合ですから、場面が限定されます。まず、非常事態や緊急事態の場合です。例えば、"Freeze! Don't move!"（手をあげろ、動くな！）"Watch out!"（危ない！）。また、相手との上下関係が明確で面目を心配しなくてよい場合があげられます。例えば警官が交通違反を取り締まる場合、学校の先生が生徒をしかる場合などです。相手が全く知らない人なので面目を無視する場合もあります。例えば、列への割り込みを制止する場面などが考えられます。
4 代表的な研究に、Halliday & Hassan (1976) があります。
5 http://www.linguistics.ucsb.edu/research/santa-barbara-corpus

参考文献

ブラウン, P.・レヴィンソン, S. C. (2011).『ポライトネス―言語使用における、ある普遍現象』(田中典子・監訳・斉藤早智子・津留崎毅・鶴田庸子・日野壽憲・山下早代子・訳). 研究社. [原著：Brown, P., & Levinson, S. C. (1987). *Politeness: Some universals in language usage.* Cambridge: Cambridge University Press.]

Clancy, P. M., Thompson, S. A., Suzuki, R., & Tao, H. (1996). The conversational use of reactive tokens in English, Japanese, and Mandarin. *Journal of Pragmatics, 26,* 355–387.

Grice, H. P. (1975). Logic and conversation. In P. Cole & J. L. Morgan (Eds.), *Syntax and semantics: Speech acts* (pp.41–58). New York: Academic Press.

Gumperz, J. (1982). *Discourse strategies.* Cambridge: Cambridge University Press.

Halliday, M. A. K., & Hasan, R. (1976). *Cohesion in English.* London: Longman.

井出祥子・荻野綱男・川崎晶子・生田少子 (1986).『日本人とアメリカ人の敬語行動』南雲堂.

井出祥子 (1988).「アメリカ英語の敬語」比嘉正範・ティール, N. J. (編)『アメリカの

言語文化Ⅱ』(pp.41–52). 放送大学教育振興会.
井出祥子(2005).『わきまえの語用論』大修館書店.
井上逸兵(2001).「丁寧さ」小泉保(編)『入門語用論研究―理論と応用』(pp.124–139). 研究社.
リーチ, G. N. (1987).『語用論』(池上嘉彦・河上誓作・訳). 紀伊國屋書店.〔原著: Leech, G. N. (1983). *Principles of pragmatics*. London: Longman.〕
Watanabe, S. (1993). Cultural differences in framing: American and Japanese group discussions. In D. Tannen (Ed.), *Framing in discourse* (pp.176–209). Oxford: Oxford University Press.

推薦図書

林宅男(2008).『談話分析のアプローチ―理論と実践』研究社.
高原脩・林宅男・林礼子(2002).『プラグマティックスの展開』勁草書房.
滝浦真人(2008).『ポライトネス入門』研究社.

第 8 章　英語文化と
　　　　　コミュニケーション・スタイル

はじめに

　本章では、英語圏の文化を反映したコミュニケーションのやり方について考えたいと思います。文化という概念は捉えどころがなく、直接的には経験・観察することができません。そこで、異文化コミュニケーション論で用いられている複数の「国民文化モデル」を用い、コミュニケーション・スタイルと文化の関係の複雑さ、多層性について概説します。具体例として、これらのモデルを使い、英語圏の教師と学生のコミュニケーションをデータにした事例研究を紹介します。

8.1　文化とは何か

8.1.1　文化の定義

　「異文化コミュニケーション」をみてゆくにあたり、「異文化」を定義する必要があります。まず、「文化」とは何か、そして「異文化」という場合、文化のどんな違いを問題とするのかについて考えてみましょう。

　ある社会に共有されている、日常生活(衣食住)に関わる慣習や風俗、さらにそれを支える価値観や信条などを総称するものを文化と言います。この点で、文化とは日常的なものと言えます。しかし、一般的な意味合いとしては、より洗練された表出形態としての宗教、道徳、芸術、歴史、政治、経済など、さまざまな活動、組織や構造をさすことがあります。

　文化と言っても、価値観を共有する**共同体**(コミュニティ)をどの単位でみ

るかによって、内容は異なります。一般には、**国民文化**（national culture）を意味することが一般的です。それは、「日本文化」や「アメリカ文化」のように、いわば**国家**（nation state）を単位として文化を論ずるマクロな立場を示します。このようなマクロな視点を採用する場合特に重要な点は、国民文化とは、画一的・不変的なものではなく、たえず変化にさらされており、それに対して柔軟に取り組むことが大切だという視座です。

つまり、文化とは多層的であり、文化を考えるときにはさまざまなレベル（層）を設定する方が現実的な取り組みができます。ある国民文化（例えば「アメリカ文化」）で、その国民のすべてが同じ慣習や価値観をもち、歴史・芸術・経済を共有し、同じように行動をしているとは考えにくいからです。さらに、性別、地域、世代、社会階層、教育、民族的背景の違いによって、いわば国民文化に対する幾つもの**サブカルチャー**（subculture、下位文化）を作っていることが指摘できます。したがって、多民族国家と言われる国家においては、民族的背景の違いによるサブカルチャーが複数で存在し、それぞれのサブカルチャーの中にさらに下位の文化があることになります。単一民族・単一言語の国とみなされがちな日本の中にも当然、サブカルチャーが無数に存在していることは言うまでもありません。

8.1.2　異文化コミュニケーション

一般的に、同じ文化を有する人々とのコミュニケーションを「同文化コミュニケーション」と呼ぶのに対して、互いに異なる文化的背景をもつ人々とのあいだで行われるコミュニケーションを「異文化コミュニケーション」と呼びます。石井（1997, p.7）は、「文化的背景を異にする人たちが、メッセージの授受により、相互に影響し合う過程」であると定義しています。

ただし、一口に文化が違うと言っても、実際のコミュニケーションにおいて何らかの齟齬が起きた場合に、その原因が国民文化の違いによるのか、下位文化の違いによるのか、または個人の資質の問題によるのかを判断することは非常に難しいと言えます。このように、どのレベルでのコミュニケーションを考えるかによって、異文化コミュニケーションへのアプローチは変わります。とは言え、国民文化というラベリングは一種の説得性がありま

す。なぜなら、まず、国は、国境を有しているからです。その内部は何らかのイデオロギーにもとづいて政治が行われているのです。宗教の共有が国家の成立に貢献している場合も考えられます。さらに、そのような国が成立するまでの、そして成立してからの歴史も無視できません。それは、歴史は事実の列挙ではなく、出来事の解釈だからです。歴史を共有するというのは、いわば考え方の共有を意味するのです。

8.2 文化モデル

国民レベルの文化を比較する場合に役立つ2つの文化モデルとして、**エドワード・ホール**（Edward Hall, 1914–2009）と**ヘールト・ホフステード**（Geert Hofstede, 1928–）の研究を紹介しましょう。

8.2.1 Hall（1976）の文化モデル

アメリカの文化人類学者、ホールは、「異文化コミュニケーション」という新しい領域で先駆的研究を行いました。ホールは、コミュニケーションが起こる物理的・社会的・心理的・時間的な環境である「コンテクスト」と異文化コミュニケーションの関係に初めて注目した研究者とされています（岡部, 1996, p.54）。

Hall（1976）は、個人がメッセージの記号化・解読化のプロセスにおいてコンテクストにどのくらい依存するかに応じて、文化を**高コンテクスト**（high context）と**低コンテクスト**（low context）に分類しました。

高コンテクスト文化では、話し手と聞き手の間に共有されている情報が多く、ことばに出して話す必要がなく、時にはことばに出して言わなくてもコミュニケーションが成り立つ「察し」のコミュニケーションが成り立つような文化を言います。

一方、**低コンテクスト文化**では、お互いに共有する情報や経験が少ないため、はっきりことばに出してコミュニケーションをしないといけません。個人主義的な文化は低コンテクスト文化の場合が多いと言えます。表8.1から、世界には低コンテクスト文化よりも高コンテクスト文化をもつ国の方が

多いこと、英語圏の国々に住む人々は低コンテクスト文化をもつということを読み取ることができます。

表8.1　低コンテクストと高コンテクストの国民文化

低コンテクスト	高コンテクスト
英語圏の国々	アジアの国々
西欧諸国	南欧の国々
北欧の国々	東欧の国々
	中近東の国々
	南米の国々
	アフリカの国々

　それでは、低コンテクスト文化と高コンテクスト文化のコミュニケーション方法の違いはどのようなものでしょうか。ホールが2つの文化のコミュニケーション上の最も大きな違いとしてあげているのは、言語化して伝達する情報の多寡です。

　高コンテクスト文化では、低コンテクスト文化よりも、言語化して伝達される情報の量が少ないという傾向にあります。つまり、そこでは、コミュニケーションが起きている場面における言語以外のさまざまな情報、例えば、物理的状況やコミュニケーション参与者の社会的関係、どのようなジャンルのコミュニケーションであるかなどのコンテクストを考慮して言語メッセージを理解することが可能です。一方、低コンテクスト文化では、コミュニケーション参与者に共有されている情報が少ないため、コンテクストがさし示す情報では足りず、ことばによって情報伝達が行われる傾向にあります。

　Hallによれば、一般的に、前者は単一民族（あるいは、そのように認識されている）社会における文化、後者は、多民族社会における文化であるとされています。ただし、高コンテクスト文化と低コンテクスト文化の境界は連続したものであり、明確に区別できるものではありません。また、皆さんが日々経験しているように、高コンテクスト文化であってもことばを尽くしてコミュニケーションをとる場合もあれば、低コンテクスト文化であっても、

「察し」のコミュニケーションが行われる場合もあります。ある文化が高コンテクスト文化、低コンテクスト文化であると言っても、コミュニケーション参与者やそれぞれの場面によって、異なるコミュニケーション・スタイルがとられる場合があることに注意する必要があるでしょう（末田・福田, 2003, pp.125-138）。

表 8.2　低コンテクスト文化と高コンテクスト文化における
コミュニケーション方法の違い（Ting-Toomey, 1999, p.101 参照）

低コンテクスト	高コンテクスト
「私」が中心	「我々」が中心
個人の卓越性	集団の調和性
個人の受ける自己評価	集団の受ける評価
自・他の違い	ウチ・ソトの違い
話し手中心	聞き手中心
言語コミュニケーション	非言語コミュニケーション
直接的、明示的	間接的、暗示的
結果志向	過程志向
個人間のコミュニケーション能力	ウチ・ソトのコミュニケーション能力

表 8.2 は、低コンテクスト文化と高コンテクスト文化で行われるコミュニケーションの特徴の違いをまとめたものです。前述したように、低コンテクスト文化に比べ、高コンテクスト文化では、コミュニケーションの参与者のあいだであらかじめ多くの情報が共有されているため、たとえ言語化されたメッセージが婉曲的だったり、間接的だったりしても、相手に理解される可能性が高くなります。どちらかと言えば聞き手中心、プロセス志向のコミュニケーションと言えるでしょう。一方、低コンテクスト社会では、明示的で直接的なメッセージを相手に伝えること、しかも話し手から聞き手へと伝わる結果が志向されるコミュニケーション・スタイルであるとされています。コミュニケーションにおける参与者個人に焦点が置かれています。

では、異なる文化、異なるコミュニケーション・スタイルをもつ人々が、

お互いに自らのコミュニケーション・スタイルに則ってコミュニケーションを行った場合、どのようなことが起きるでしょうか。もしかすると、低コンテクスト文化の人は、相手に対し、「もっとはっきりと言ってくれなければわからない」と感じるかもしれません。また、それに対して、高コンテクスト文化の人々は「なぜこの人は、言いたいことを察してくれないのだろう」と思うかもしれません。このように、自分では「当たり前だ」と思っているコミュニケーションの仕方も、異なる文化では「当たり前」ではなくなる場合があるのです。

　以上、Hall (1976) による文化の分類をみてきました。ホールの文化モデルでは、人々がコンテクストにどれだけ依存してコミュニケーションを行うか、また、時間や空間、社会組織に対してどのような認識を抱いているかによって「高コンテクスト文化」と「低コンテクスト文化」に分類されていました。既に述べましたが、この分類は一般的な文化の分類に関するものであり、実際に人々がコンテクストに依存する程度は、可変的と言えます。また、この分類は、どちらかが優れているというものではありません。あくまでどのような差異があるかに基づいて分類したものであり、自分と異なる文化を互いに尊重する文化相対主義的な観点から理解されるべきでしょう。

8.2.2　Hofstede (1991) のモデル

　次に、オランダの文化人類学者、社会心理学者であるホフステードの文化モデルを紹介しましょう。彼は、1968 年から 1972 年までの 4 年間に、IBM の社員を対象に、仕事に関する価値観が国や文化によってどのような違いがあるかを明らかにするための調査を行いました。調査協力者は、50 カ国と 3 つの地域 (アラブ、東アフリカ、西アフリカ) で働く人々で、その数は約 12 万にも上っています。

　調査の結果は、1980 年と 1983 年に発表されました。1980 年の調査結果は、40 カ国のデータに関するもので、1983 年の調査結果は、残りの 10 カ国と 3 つの地域を加えたものでした。ホフステードは、この調査結果から、仕事に関する文化的価値として次の 4 つを抽出しています。それは、**個人主義／集団主義** (individualism / collectivism)、**不確実さの回避** (uncertainty avoidance)、**権力格差**（power distance）、**男性らしさ／女性らしさ**（masculinity/femininity）です。

(1) 個人主義／集団主義

　個人主義においては、個人の尊厳や独立が尊ばれ、自己の利益を最大にしようという発想が強くみられます。また、独立した個人同士が自らの感情や考えをはっきりと表現すること、個人のパフォーマンスが評価され、挑戦と競争の原理が働く、といった特徴もあります。アメリカ、オーストラリア、イギリス、カナダ、オランダなど比較的低コンテクストの文化が個人主義的傾向をもつ社会になります。

　一方、**集団主義**では、人々は社会という枠組みの中で、メンバー同士の結束力の高いウチ集団に依存して行動します。集団の利益が個人の利益よりも優先され、まわりとの協調によって個人の人生がうまくいくものと考えられています。ベネズエラ、コロンビア、パキスタン、ペルー、台湾、韓国、そしておそらく日本もこれにあてはまるでしょう。

　ホフステードは、個人主義的な社会と集団主義的な社会との基本的な相違のひとつの例として、前者では、人間関係よりも職務が優先される傾向があるのに対して、後者では、職務よりも人間関係が優先される傾向があることを指摘しています。

(2) 不確実さの回避

　不確実さの回避は、「ある文化の成員が不確実な状況や未知の状況に対して脅威を感じる程度」（ホフステード、1995, p.119）と定義されています。

　不確実さを回避する傾向をもつ文化では、安定した未来への志向性をもち、「スケジュール」を重視しようとします。不確実性を嫌う文化では、革新に対する抵抗が強く、奇抜な行動や新しいアイデアを生み出すことに対して抑制がかかるとされています。こうした文化には、ギリシャ、グアテマラ、ポルトガル、ベルギー、ウルグアイ、日本などが含まれます。

　一方、不確実さがあってもいいとする文化では、未知への挑戦や冒険を志向することや、新しいアイデアに対して寛容であるとされています。反面、

不確実さを回避しようとする文化なら自然と身につくはずのスケジュールを守るといった習慣も、意識的に学習されなければならない傾向にあります。このような文化には、シンガポール、ジャマイカ、スウェーデン、デンマーク、香港、そして歴史的にみて、数多くの冒険家が出ているイギリスが含まれます。

(3) 権力格差

権力格差が大きな文化は、社会において権力による階層性（上下関係）が人間関係に比較的強い影響を及ぼす文化であり、マレーシア、パナマ、グアテマラ、フィリピン、アラブ諸国、メキシコ、インドネシア、インド、ブラジルが含まれます。このような文化では、権力をもつ者がその権力を行使することは普通のことだと考えられているため、権力をもたない者は、権力者に対して従順であることが期待されています。

一方、階層化は権力によるのではなく、社会構造に起因すると考える文化にはオーストラリア、イスラエル、デンマーク、ニュージーランド、アイルランドなどが含まれます。このような文化では、権力はそれが必要とされる場面で行使されるべきであると考えられ、基本的に人と人は平等であるという発想で人間関係が構築される傾向があります。

親と子の関係を例にとってみると、前者のような文化では、親は子に対して自分に対して従順であることを期待し、子は親に対して敬意を払う傾向が強いのに対し、後者のような文化では、お互いがお互いを平等な存在として扱うことが多いという違いが指摘されています。

(4) 男性らしさ／女性らしさ

男性らしさ／女性らしさとは、社会的、文化的に規定された性的役割の指標のことです。男性らしさを特徴とする文化では、男女差の認識が高く、野心や実行力、貨幣価値といった男性的価値が支配的で、日本もこれに属しています。一方、女性らしさを特徴とする文化では、ジェンダーの平等に重点が置かれ、社会的感受性が高い傾向があります。男性・女性の役割が明確に分けられておらず、北欧の国々がこれにあてはまるとされます。

ホフステードは、以上の4つの価値観を最も強くもつ国が100に近くなるように数値化し、前述した50の国と3の地域に相対的順位をつけました。表8.3は、英語母語話者の国であるアメリカ、イギリス、オーストラリア、カナダと、日本の順位をまとめたものです。

表8.3 4つの価値に対する英語圏と日本の違い
（守﨑, 2000, pp.160–161を参照）

国	権力格差	不確実さの回避	個人主義	男性らしさ
アメリカ	38位	43位	**1位**	15位
イギリス	42位	47位	**3位**	9位
オーストラリア	41位	37位	**2位**	16位
カナダ	39位	41位	**4位**	24位
日本	33位	**7位**	22位	**1位**

表8.3から明らかなように、英語圏の人々が「個人主義」の価値観を重視する国の上位4位までを占めています。一方、日本は「不確実性回避」と「男性的価値」の項目で上位に位置しており、これらの価値観を勤労に対して強くもっていることがわかります。

ホフステードの調査は、同じような実証的な調査の中で最大の規模を誇り、現在でもさまざまな研究で参照されています。ただし、調査に使用された項目や調査協力者が偏っていること、調査が行われてから約半世紀の時間が経過していること、そして、国や地域の平均を用いて価値観が抽出されたにもかかわらず、その結果が、調査協力者の個人的な価値観一般にまで拡大されて解釈されているといった問題点も指摘されています。

8.2.3 国民文化モデルからみる英語圏文化と日本文化

英語圏の文化の特徴を日本文化と対比させながら、前節までにみてきたホールとホフステードによる2つの文化モデルを基準にまとめると、表8.4のようになります。

表 8.4　国民文化モデルからみる日本文化 vs. 英語圏文化

日本文化	英語圏文化
高コンテクスト	低コンテクスト
集団主義・中	個人主義・大
不確実さの回避・大	不確実さの回避・小
権力格差・中	権力格差・中
男性らしさ・大	男性らしさ・中

　高コンテクスト文化である日本と、低コンテクスト文化である英語圏ですが、権力格差についての価値観はほとんど同じです。集団主義か個人主義か、男性的価値がどれほど強いか、という項目に関しては違いがみられます。また、日本文化と英語圏文化で最も際立つ違いは、不確実さを回避しようとするかどうかであると言えます。

　現実に起きているコミュニケーションは、上述した国民文化モデルのような類型に単純にあてはめることはできません。国と国とのコミュニケーションも、人と人がコミュニケーションを行っているのであって、その際は、その人がどのようなサブカルチャーに属しているかに注意しなければなりません。国民文化モデルの意義と限界をしっかり認識した上で、文化によるコミュニケーションの違いについて解釈することが大切です。

8.3　事例研究—アカデミック談話にみる日英コミュニケーションの違い

　これから紹介する事例研究（Hiraga & Turner, 1996, Hiraga, 1998）は、教師と学生が一対一で行う個別指導（チュートリアル）という対面コミュニケーションの日英比較研究です。日本人学生および英国人学生の言語行動のパターンを分析することによって、それぞれの教育文化が学生のタイプにどのように反映しているのかについて考察します。

8.3.1 リサーチデザイン

　日英の大学において日本語・英語それぞれで行われた実際のチュートリアルの録音・録画データに基づき、英国と日本双方のアカデミック場面で頻出する場面を用いた**談話完結テスト**（英語およびその日本語訳）を作成しました。この調査では、レポートの指導をしてもらっている学生が先生と一対一で行う対人コミュニケーションの場面を想定しています。

　談話完結テストの質問は以下のようなものです。

A. You're reaching the end of your course and are discussing the final term paper with your tutor.

Tutor:　You haven't written very much, have you?

Student: _____

B. You're having a discussion with your tutor about your recent work.

Tutor:　I think you're doing good work. What would you say if I suggested you made the concluding section a bit shorter?

Student: _____

C. You're discussing with your tutor the essay you have written about the work of a certain author.

Tutor:　When you wrote this [pointing to a particular sentence], were you implying that you agreed with the author or were you criticizing him?

Student: _____

　調査協力者は芸術や科学などさまざまな分野を専攻する学生と教師で構成されています。英国人協力者（英語）、日本人協力者（日本語）、日本人協力者（英語）に対して行いました。日本人協力者（英語）については、英語圏への1年以上の留学経験の有無にしたがって、留学経験者（第二言語として英語を使用、ESL (English as a Second Language)）、未経験者（外国語として英語を

使用、EFL（English as a Foreign Language））とに分けて集計しています。英語のレベルは中級から上級です。

　談話完結テストの場面は教師から始めるやりとりであり、教師の行う発話行為は「批判」「提案」そして「説明の要求」です。「批判」の場面では「提案」も含意し、「提案」の場面では「批判」も含意しています。「説明の要求」についても「批判」が含意されています。第7章で紹介したBrown & Levinson（1987）の理論によると、上記3つの場面でのやりとりは積極的面目と消極的面目の両方をおびやかす可能性があるものと捉えることができます。

　質問紙から得られた回答を面目という観点に基づき、調査協力者が、誰のどのような面目を保持するか分析しました。つまり、自分の面目か相手の面目か、両方か、それは積極的面目か消極的面目かという基準で分析したのです。

8.3.2　分析結果―学生の型とその分布

　分析の結果、学生は以下に述べる「追従型」、「交渉型」、「反論型」、「諦め型」、「無口型」という5つの型に分けられることがわかりました。

（1）追従型
教師の積極的面目を立てることが大切。教師の言うことに従います。批判に対して抵抗しません。批判を認めるか、提案に従おうとします。

（2）交渉型
教師の積極的面目を立てながらも自分の積極的面目も保持しようとして、両方のバランスをとろうとします。批判や提案を認めますが、それは教師の積極的面目を立てるための緩衝材として働きます。一方で、批判に対して抵抗を示し、自分の積極的面目を守ろうとします。

（3）反論型
自分の積極的面目が大切。批判に対しては抵抗し、持論の妥当性を主張します。

(4) 諦め型

自分の積極的面目を放棄する場合です。提案に対して抵抗をしますが諦めてしまいます。

(5) 無口型

額面通りの返答を行います。批判に対して容認もせず抵抗もしません。

この分類にしたがって、4種類の調査協力者がどのタイプに属すかをパーセントで示したものが表8.5です。

表 8.5　学生のタイプ(%)[1]

	英国人(n=23)	日本人(n=60)	ESL(n=17)	EFL(n=53)
追従型	31.3	**55.3**	46.7	**59.7**
交渉型	15.0	14.7	10.7	8.0
反論型	**47.7**	18.7	21.0	10.3
諦め型	0.0	1.0	0.0	0.7
無口型	5.7	10.0	15.7	20.3

英国人調査協力者と日本人調査協力者では学生のタイプによってはっきりとした違いがみられました(太字)。英国人で最も多い学生のタイプは批判や提案を容認せずに抵抗する「反論型」でした。教師とのやりとりの中で「反論型」の学生は自らの積極的面目と消極的面目の両方を守ることを重視しています。教師からの批判に対して自らの立場の正当性や妥当性について論拠をもって示しながら抵抗します。こうした行動は、教師の積極的面目を脅かすことにもなるのですが、そのような犠牲を払っても自分自身の積極的面目を守ろうとします。また「反論型」の学生は提案を受け入れることに対して、気が進まないことやそれに従うことは困難であることを述べて抵抗し、自らの消極的面目も保持しようとします。

日本人調査協力者は逆に「反論型」は少数派であり、多かったのは「追従型」でした。「追従型」は批判に対して抵抗するのではなく容認し、提案にはそれに従うことを述べているタイプです。批判に対して教師に賛成した

り、難しさを認めたりして自分の積極的面目を犠牲にしてでも、教師の積極的面目を立てようとしています。また提案に追従する姿勢を示すことで自らの消極的面目を脅かしています。

　ESL・EFL の調査協力者についても、ほぼ日本語で行われた日本人調査協力者と同様の結果を示しています。これは ESL・EFL 調査協力者が、母語である日本語で好まれるコミュニケーションのパターンを英語に転移しているものと考えられます。表 8.5 から明らかなように差は小さいものではありますが、英語圏への留学経験の無い EFL 調査協力者や日本人調査協力者と比較すると、留学経験のある ESL 調査協力者は「追従型」がやや少なくなっています。

　ESL 調査協力者と EFL 調査協力者の目だった違いは、「反論型」にあります。談話完結テストの A、B、C すべての場面において ESL 調査協力者は「反論型」が EFL 調査協力者に比べて 2 倍以上います。「反論型」は英国人調査協力者では最も多いタイプです。つまり、英語圏への留学経験のある ESL 調査協力者が、批判や提案を受け入れず、まずは自らの積極的面目や消極的面目を守るということは、英語圏の教育文化の影響を少なからず表していると考えられます。

　実際の録音・録画データおよび談話完結テストの結果からわかったことをまとめると、英国人学生は自らの積極的面目と消極的面目の欲求を重視するのに対して、日本人学生は自らの積極的面目を放棄するという犠牲を払っても教師の積極的面目を立てることに重点を置いているということでした。

　このようなコミュニケーションのやり方の違いは、それぞれの文化の中で教師対学生という人間関係をどのように認識するか、また学生が自己をどのように位置づけているかとも関連しています。英国の教育文化では、学生が「独立的自己」を志向し、それを実現することを優先しているのに対して、日本の教育文化では教師との関係性を優先させ、学生が「相互協調的自己」を志向していると解釈することができるでしょう。前節でみた国民文化の違いがこのような教師と学生の対人コミュニケーションのパターンにも影響していることがわかります。

まとめ

　私たちは自分の行動が文化によっていかに規定されているかについてあまり気づいていません。無意識のうちに自分の文化に基づいて異文化を評価してしまいがちであり、それは、ステレオタイプや偏見の温床となります。コミュニケーションの仕組みを左右する文化的前提について認識を深めることは、誤解や齟齬を個人の問題に還元するのではなく、文化という枠組みから解決する糸口となります。そのためには、自分の文化のコミュニケーションの仕組みをまず知る必要があります。

　英語圏のコミュニケーションは、その営まれる社会文化の影響下にあります。英語圏の文化の特徴に対する気づきを高め、自分の文化の特徴との対比のうちに捉え、理解を深めることは、円滑な異文化コミュニケーションの第一歩となるでしょう。

練習問題

1. ホールの文化モデルを、「コンテクスト」という用語を用いてまとめてみましょう。
2. 各自の具体的な異文化体験をホフステードの文化モデルにしたがって説明してみましょう。
3. 8.3の事例研究を読んで、日英のコミュニケーションの違いについてどのような感想をもちましたか。

注
1　談話完結テストの設問ごとに無回答が含まれるため、合計が100%になりません。

参考文献

Brown, P., & Levinson S, C. (1987). *Politeness: Some universals in language usage*. New York: Cambridge University Press.

Hall, E. (1976). *Beyond culture*. Garden City, NY: Doubleday

Hiraga, M. K., & Turner, J. M. (1996). Differing perceptions of face in British and Japanese academic settings. *Language Sciences, 18*(3–4), 605–627.

Hiraga, M. K. (1998). Face work in academic settings: A case of Japanese students of English. 秋元実治（編）『英語学の諸相』(pp.257–276)．英潮社．

ホフステード，G.（1995）．『多文化世界―違いを学び共存への道を探る』（岩井紀子・岩井八郎・訳）．有斐閣．〔原著：Hofstede, G. (1991). *Cultures and organizations: Software of the mind*. London: McGraw-Hill.〕

石井敏（1997）．「異文化コミュニケーション」石井敏・久米昭元・遠山淳・平井一弘・松本茂・御堂岡潔・江草忠敬（編）『異文化コミュニケーション・ハンドブック』(pp.7–11)．有斐閣．

守﨑誠一（2000）．「価値観」西田ひろ子（編）『異文化間コミュニケーション』(pp.132–181)．創元社．

岡部朗一（1996）．「文化とコミュニケーション」古田暁（監修）石井敏・岡部朗一・久米昭元（著）『異文化コミュニケーション』〔改訂版〕(pp.39–59)．有斐閣．

末田清子・福田浩子（2003）．「コミュニケーションの場と背景―コンテクスト」『コミュニケーション学―その展望と視点』(pp.125–138)．松柏社．

Ting-Toomey, S. (1999). *Communicating across cultures*. New York: Guilford Press.

推薦図書

古田暁・石井敏・岡部朗一・平井一弘・久米昭元（2001）．『異文化コミュニケーション・キーワード』有斐閣．

池田理知子・クレーマー，E. M.（2000）．『異文化コミュニケーション・入門』有斐閣．

石井敏・久米昭元・長谷川典子・桜木俊行・石黒武人（2013）．『はじめて学ぶ異文化コミュニケーション』有斐閣．

岡野雅雄（編著）（2004）．『わかりやすいコミュニケーション学―基礎から応用まで』三和書籍．

第 9 章　英語の非言語コミュニケーション

はじめに

私たちはことばでコミュニケーションをするのと同時に、声の大きさ、顔の表情、目の動き、ジェスチャー、体の位置などによっても色々な意味を伝えています。本章では、英語で行われる非言語コミュニケーションにはどのような特徴があるのかについて考察します。

9.1　非言語コミュニケーションとは何か

第 7 章では、談話分析の一例として、「あいづち」について述べましたが、人はあいづちの発話と同時に、首を縦に振ったり、横に振ったり、あるいは、顔の表情を変化させるなどして微妙なニュアンスを伝えています。このような現象は、どんなことばを話していても日常的に観察されることです。私たちが、ことばで行うコミュニケーションには、必ずと言ってよいほど、しぐさや身振り、顔の表情、目の動き、声の質や量、などの要素が付け加わっています。このようなことばによらないコミュニケーションのことを**非言語コミュニケーション**(non-verbal communication)と呼びます。

非言語コミュニケーションには大別して 3 つの分野があります。第 1 に、人との距離関係や位置関係、空間把握を扱う、**近接空間学**(proxemics)、第 2 に、話し方や、声の出し方によるコミュニケーションへの意味づけを対象とする**パラ言語学**(paralinguistics)、そして第 3 に、身振り、手振り、表情、姿勢などを対象とする、**身体動作学**(kinesics)です。

距離や位置などの空間把握、声の量や質の認識は、ほとんど無意識のうちに行われるため話し手も聞き手も気がつかないことが多いのですが、身振り手振りには、言語や文化に独特のものもあり、異文化接触場面では注意が必要です。

9.2　近接空間学

　人と人が話をするとき、どのぐらいの距離が適切か、座席を決めるときにどこに座るのがよいのかなど、私たちの空間との関わりがコミュニケーション上何らかの意味を伝えることがあります。近接空間学は、アメリカの文化人類学者であるエドワード・ホールらが中心になり体系化された分野です。ホールの研究によると、コミュニケーションの場でアメリカ人[1]が適切だと思う空間の想定には、表 9.1 に示すとおり 4 種類があるとされています。

表 9.1　対人距離の分類
（Hall, 1966, pp.111–129 参照）

名称	距離	人間関係のタイプ
親密距離	0 〜 45cm	身体的接触、非常に親密な関係
個人距離	45cm 〜 120cm	親しい関係、個人的関係
社会距離	120cm 〜 360cm	知人や仕事の関係
公衆距離	360cm 以上	公的な関係

　第 1 の**親密距離**（intimate distance）は、恋人や家族、親友など非常に親しい間柄の人々が抱擁したり握手をしたりする距離帯です。特に、約 15cm 以内は、最も親密な距離とされており、身体的接触を伴う抱擁（夫婦、恋人、親子）、レスリング（スポーツや遊び）、防衛（敵から体を張って味方を守ろうとするとき）などに特徴的にみられる距離です。ここでは、音声によるコミュニケーションは最小となり、筋肉や皮膚の熱や匂いによるコミュニケーションが起こります。15cm 〜 45cm は、手を強く握り合えるほどの距離です。この距離では、声は低いレベルやささやきのレベルで発声されます。当

然、秘密の話題や私的な話題が中心となります。親密距離を公の場所でとるということは、大人の中産階級のアメリカ人にとっては、適切とみなされていません。混雑したバスや電車、エレベーターの中では、この程度の距離でもアメリカでは非常に不快だと感じます。人々はできるだけ相手との距離を広げようと試み、相手と視線を合わせることを避けます。

個人距離（personal distance）は、路上などで出会った2人が会話をするときの距離帯です。特に、45cm〜75cmの距離は、相手の人を捕まえることができる距離だと言われており、この距離をとることが出来る相手は、夫婦や親友などごく近い人に限られます。75cm〜120cmは、ちょっと手を伸ばせば届く位置で、それよりも離れると相手に触るのが難しくなる距離です。相手の表情がよくわかる距離なので、話をする際の声のレベルは中庸で十分です。会話では私的、個人的話題が中心となります。

社会距離（social distance）は、ビジネスの場や家庭で夫婦がリラックスするような時にとる距離帯です。120cm〜210cmは、ビジネスを行う人同士の距離としては、一緒に働く人同士がとる距離で、気軽なパーティなどで人々が立つときにとる距離だと言われています。半個人的な話題から仕事の話題まで多様な会話を行うことができます。210cm〜360cmの距離になると、人の姿全部が見え、ビジネスではかしこまった性格を帯びてきます。また、この距離では声は大きくなり、ドアが開いていれば隣の部屋から聞こえるくらいのレベルになります。この距離の面白い特徴は、相手を無視して自分の仕事を続けられる距離ということです。家庭では夫婦がお互いに干渉しない距離であるとされています。

公衆距離（public distance）は、2人の距離が最も離れたもので、講義中の教師と学生や、舞台俳優と観客がとるとされる距離帯です。相手との私的な関与はなくなります。360cm〜730cmの距離がある場合、声は大きいというわけではなくとも、語彙や文型であらたまったスタイルが選択されます。730cm以上の距離になると普通の声では聞き取りにくくなり、顔の表情や動きも見えにくくなるため、すべてが誇張されなくてはなりません。声のテンポは遅くなり、語句は一字一句明確に発音されます。

相手との距離が何らかの意味をもつということは重要な指摘です。またど

のような相手に対して、どのような場面ではどのぐらいの対人距離を保てばよいかということに関しては、文化によって基準が異なることが報告されています。一般に日本人の対人距離は英語圏よりも大きいとされています（大坊, 1998）。異文化の人々とのコミュニケーションに臨む場合には、文化によって対人距離の取り方に違いがあるのだということへの**気づき**（awareness）が大切です。

9.3　パラ言語学

　書きことばによるコミュニケーションとは異なり、話しことばによるコミュニケーションでは、たとえ同じ内容であっても、声の出し方や話し方によって、異なる印象や意味が相手に伝わる場合があります[2]。このような経験は、誰にも思い当たることだと思います。アメリカの言語学者ジョージ・トレイガー（George L. Trager, 1906–1992）は、言語の音声体系の周辺にあって、「いかに話すか」に関わる音声的手がかりを系統的に研究した最初の人です。Trager（1958）は、このような音声的要素を**パラ言語**（paralanguage）と呼びました。このパラ言語について研究する領域を**パラ言語学**（paralinguistics）と言います。

　パラ言語には、次のような要素が含まれます。

1　声の質（voice qualities）
　　ピッチ、唇、声門、発声、リズムの制御、テンポ、共鳴など
2　声の様態（vocalizations）
(1)　声の性格づけ（vocal characterizers）：笑い声、泣き声、驚き、舌打ち、ため息、ささやき、うめき、うなり、どなり、くしゃみ、ゲップなど
(2)　音声装飾（vocal qualifiers）：強さ、ピッチの高さ、長さ
(3)　音声分離（vocal segregates）："uh-uh"（否定）、"uh-huh"（肯定）、"uh"（躊躇）など

これらは、話しことばに自然に伴われ、話し手の感情や性格をはじめ、どのような社会階層に属しているかなどの情報を受け手に与える場合があります。いつ、どのような場面で、どのような話し方をするのが適切かについては、私たちが社会化されていく過程で身につけていくとされています。

ある文化ではごく当たり前だと思われているパラ言語も、異なる文化においては、奇妙さや滑稽さを伝えたり、不快な印象を与えてしまうこともあります。例えば、日本人が人前でかしこまったときに行う、歯の前でスーと音（吸音）を出すことは、英語圏の人々には不快な印象を与えがちだと言われています。

9.4　身体動作学

一般に、非言語コミュニケーションと言えば、身振り手振りで意味を伝える**身体動作学**（kinesics）をさすことが多々あります。先に述べた近接空間学やパラ言語学に比べ、身体動作を伴うジェスチャーや顔の表情などの方が、コミュニケーションの参与者が気づきやすいため、多くの研究がなされてきました。では、身振りや手振りはどのように分析し、理解したらよいのでしょうか。

ここでは、身振り手振りの働きに着目したエックマンとフリーセンによる分類を紹介します（Ekman & Friesen, 1969）。からだのしぐさには、伝達意図が明示的なものと非明示的なものがあります。

・明示的な身体動作
　　語彙的動作（emblem）
　　例示的動作（illustrator）
・非明示的な身体動作
　　感情表出（affect display）
　　発話調整動作（regulator）
　　適応動作（adaptor）

以下、伝達意図の明示性の低いものから高いものという順に、英語圏に特徴的にみられる身振り手振りについて説明していきます。

9.4.1　適応動作

　伝達意図があまりはっきりしないけれど、その動作が一定の意味を伝える場合があります。例えば、爪をかむジェスチャーは、ストレスを感じているとか、安らぎを求めているというサインとして受け取られることがあります。それは、人々はプレッシャーを感じているときに、自然に指を口のところにもっていくジェスチャーをするからです。英語圏に限るわけではありませんが、世界で広範囲に普及しています。腰かけるときの足の組み方にも多少の文化的意味合いがあります。世界各地にみられるくつろぎのポーズですが、男女で若干ニュアンスが異なります (モリス, 1999, pp.158–159 参照)。

・足組-くるぶしとくるぶし

　腰かけて、両足を足首のところで交差させる姿勢です。この姿勢では急に行動を起こすことができないので、くつろぎを示すとされています。足の組み方の中では最も目立たない形であるため、礼儀正しいくつろぎの姿勢とされています。正式な集合写真で座っている人が通常用いても構わない姿勢であり、例えば英国の女王は公式の場ではこの姿勢以外の形で足を組むことはありません[3]。

・足組-膝と膝

　腰かけて、両足を膝のところで交差させる姿勢です。ヨーロッパでは男女ともにとてもくつろいでいることを示す姿勢とみなされていますが、アメリカでは女性に限定される傾向があり、女性らしい姿勢という意味合いが伝わります。

・足組-くるぶしと膝

　腰かけて、片方の足をもう片方の足の膝の上に置く姿勢です。カウボーイの姿勢に由来すると言われ、男らしいくつろぎを表現します。西欧では広く分布していますが、アメリカ合衆国、特に中西部で最も一般的な姿勢です。

9.4.2 発話調整動作

対面の会話では、話し手と聞き手は、頭、首、目、手の動きなどで話の区切りを合図したり相手に発話を促したり、相手への同意や反対を表したりすることができます。このような場面で使われる視線、首の傾斜、うなづき、まばたき、などを発話調整動作と言います。このような動作は、特定の発話と結びついているわけではなく無意識のうちに行われ、その習得もいわば無意識のうちに行われ、会得されていくものです。

あいづちの日英比較でも述べましたが、「うなづき」(nod)という発話調整動作を日本人は「相手の話を聞いている」という合図として頻繁に行います。しかしながら、この動作が英語ではそれほど頻出しないということに気をつけるべきでしょう。また英語では、「相手の意見に同意する」という積極的な意味で「うなづき」を行う傾向が強いということも覚えておくとよいでしょう。

9.4.3 感情表出

顔の表情や身体的動作によって感情が表現されることがあります。Ekman(1972)によれば、身体を使って表現される人の基本的感情には、驚き、恐怖、怒り、嫌悪、幸福、悲しみの6種類があると言われています。Ekmanはある特定の感情を表しているとされる顔の写真を使い、被写体がどのような感情を表しているかに対して判断してもらうと同時にどの位その感情を強く表しているかについて7段階で評定してもらうという実験を日、米、ブラジルを含む5つの異なる文化圏の協力者に対して行いました。その結果、上記の6種類の感情はどの文化でも普遍的にみられ、その認識のされ方も非常に類似しているという結論に至りました。

顔の表情の特徴によってどんな感情が伝わるかについては、ある程度の普遍性があるということですが、では私たちがどの程度、どのような相手に対して、どのような状況で、どのような感情を表出しているかについては、文化による違いがあるという指摘がなされています(大坊, 1998)。例えば、日米の大学生を協力者にデータ収集を行った感情表出の調査(中村, 1991)では、私的状況と公的状況を比較しています。上記の6つの感情表出のパター

ンについてみると、いずれの状況においても日本人はアメリカ人に比べ抑制傾向であるという結果が出ています。さらに、私的状況での感情表出は日米できわめて類似したパターンを示していますが、公的状況においては否定的な感情の表出に違いがみられ、アメリカでは悲しみの表出、日本では嫌悪の表出が抑制されると指摘されています。

　感情表出の決め手となる顔面の構造的特徴としては、目と眉があげられます。日米の比較から言えば、目の動作は英語圏ではより重要です。例えば、両目を大きく見開き、時には両眉が同時に上がる動作──「見開いた目」──はことばを強調するときや、怒り、興奮、驚き、緊張などを表すときにみられます。目を大きくあけ、眼球をぐるりと回す動作もあります。この「眼球回し」は、発話を伴わずに、場面に応じて使われることもありますが、あきれたり軽蔑したりする発話（"Good grief!" など）や安堵感を表す発話（"Whew!" など）と共に用いられることもあります。

9.4.4　例示的動作

　言語表現と一緒に使われることにより、メッセージを強めたり、例示したりする働きをする動作のことを**例示的動作**と言います。手を使って行うことが一般的です。

　人差し指を使い指さす動作は、日本人も使う動作です。英語圏でも、人に対して使うときとモノや場所に対して使うときがあります。人に対して使われる場合は、大人から子ども、地位の高いものから低いものに対して使われ、メッセージを強めるためにことばと共に使われます。親が子をしかるとき、人に注意するとき、相手に挑戦したり威嚇したりするとき、強い忠告や命令の場面や、助言や説明を強調する場面で用いられます。目上の人に対して用いるのは失礼になります。モノや場所をさし示す場合には、例えば、道順やモノの使用方法など、ことばとともに使用します。

　また、2つのモノを比較したり対比させたりする時に、ことばと共に使われるジェスチャーがあります。両手を30センチほど離して、体の前に突き出し左右に動かしながら、比較表現（"A and B"；"on the one hand, ... on the other" など）に合わせる動作も例示的動作の1つです。

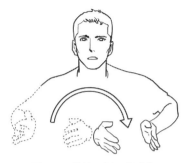

図 9.1　比較の例示的動作

　このジェスチャーのバリエーションとしては、体の斜め前に、手のひらを下にして水平にかざした手を上下させて動かすというものもあります。モノの大きさや数量、程度などが推移する様をことばと共に例示します。

　引用を表すジェスチャーも英語独特です。Double quotation marks ("　")の形に似せて、両手の人差し指と中指を折りたたむ動作を行いながら、引用箇所を口頭で述べます。

　ここまで述べてきた 4 種類の動作——適応動作、発話調整動作、感情表出、例示的動作——は、特定の言語表現に対応しているわけではなく、メッセージの伝える意図を強めたり明確化したりするのに貢献しているものです。一部の感情表出を除いては、英語圏に限定される動作はそれほど多くありません。

9.4.5　語彙的動作

　語彙的動作というのは、言語表現に翻訳できるようなはっきりした意味をもつ動作です。したがって、必ずしもことばと連動せず単独で用いられても、その言語圏の人々には理解される動作をさします。これらの動作は、意図的に行われることも多く、ことばの代用として意図が汲み取られる確率が高いという点で、他の非言語的動作とは異なっています。その上、ある言語文化に独特の動作が多いので、語彙動作を知らないと誤解の原因になったり、相手に対して不快なメッセージを伝えてしまったりすることもあるので、気をつける必要があります。ここでは、英語圏に独特なもの、日本とは

意味が異なる語彙的動作を中心に説明します。

・**指十字**（crossed fingers）

　中指をねじるようにして人差し指に絡ませ、他の指は根元でおりまげ、親指を一番上にして重ねる動作です。両手でも片手でも行いますが、両手の方が意味を強く表します。手のひらと甲のいずれを向けても構いません。

　この動作は、十字架のサインを指で形作るものが様式化されたことに由来します。指を交差（クロス）させることで、キリスト教の十字架のサインを代用し、神の加護を求めることができるとされています。きわめて小さいジェスチャーであり、十字架を必ずしも連想させるわけではないので、このような宗教的起源は見落とされがちです。今日では、キリスト教信者の如何にかかわらず、「幸運が来ますように」という意味に使われています。

図 9.2　指十字

　このジェスチャーは、英語で、"I am keeping my fingers crossed (for you)" または "I have my fingers crossed"（幸運（成功）をお祈りしています）というイディオムとなって、ことばと一緒に使われる場合もあります。英米では日常的に大人も子どもも使う動作です。

　また、うそをついたときなど、自分自身を守りたいときに、相手に見えないように自分の背中に手を回して、このサインをするのも特徴的です。特に子どもは、わざとうそをつくとき、このジェスチャーをします。うそをつく

ことの不道徳さを抹殺できる、うそをつかなかったことにできる、また、罪を犯した自分を悪魔から守ることが出来ると信じられているそうです。

・**鼻親指**（nose thumb）

　軽蔑・揶揄を表すジェスチャーで、鼻の前に親指をつけ、他の指を広げて扇のようにします。両手を使い、鼻先に広げた一方の手の小指の先にもう一方の手の親指を繋げひらひらさせることもあり、軽蔑の意味が強調されます。左右の耳に親指をつけ手を広げてひらひらさせたりすることもあります。顔は無表情、しかめっ面、舌を出すなど変化に富んでいますが、あざけりのジェスチャーとして用いられています。小学生ぐらいの子どもが行う動作ですが、欧米の広範な範囲でみられます。このジェスチャーは、場所や文化によって表される意味にズレがほとんどないという点で、特徴的なものであると言えるでしょう。

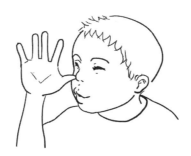

図 9.3　鼻親指

・**指の輪**（ring、OK sign）

　手のひらを相手に向け、親指と人指し指で輪を作り、他の3本の指を軽く伸ばし、やや広げるジェスチャーです。少し押し出す感じにして、そのまま数秒保ちます。

　多くの地域で多様な意味[4]で用いられていますが、英語圏では、成功、承認、ゼロという意味で使われます。"OK"ということばと共に使われることもあれば、単独で使われることもあり、日常的に男女、大人、子どもの区別なく使われます。

日本ではOKの他に、手のひらを上に向けて「お金」の意味でも使われるジェスチャーですが、英語圏ではこの用法はありません。英語圏で「お金」を表すときには、親指と他の指の指先をこすり合わせる動作をします。

・**親指上げ**（thumbs up）、**親指下げ**（thumbs down）

親指を上下に使うジェスチャーです。英語圏および北、西ヨーロッパでは、親指を上にあげる場合（thumbs up）は賛成、承知、成功、下にする場合（thumbs down）は反対、否定、失敗の意味を表します。親指上げは、「指の輪」（OK sign）のジェスチャーと同義、同分布です。

親指上げのジェスチャーが「1」をさすこともあります。ちなみに英語圏では、指で数をかぞえるとき、まず握り拳を作り、そこから親指、人差し指、中指というように開いていく数え方をします[5]。日本では開いた手の内側に向かって親指から順に折って数をかぞえますが、この方法は英語圏では一般的ではありません。

・**Vサイン**（V-sign）

日本でもよく知られているジェスチャーです。人差し指と中指を伸ばしてV字形をつくります。この時、手のひらを相手に向けるか自分に向けるかで、意味が極端に違います。

「（表の）Vサイン」は、手のひらを相手にむけたVサインで、「勝利のサイン」「平和のサイン」として世界中広い範囲で用いられています。政治

図9.4　Vサイン（手のひらを相手に向ける）

家、スポーツ選手、俳優、兵士、一般の人々など幅広く用いられるジェスチャーです。

このサインはまた「2」を表す時にも使われますが、英語圏において用いられる頻度は親指と人差し指で示す「2」に比べ少ないようです。

「裏返しのVサイン (the palm-back V-sign)」は、手のひらを自分の顔の方へ向け、つまり手の甲を相手へ示してVサインを行います。その手を空中に1、2度突き上げるような仕草をする場合もあります。このジェスチャーは、英語圏では「卑猥な侮辱」「性的な侮辱」を表し、強いタブーがまとわりついているものです。

図9.5　裏返しのVサイン（手の甲を相手に向ける）

モリス他 (1992) の調査によると「裏返しのVサイン」は、ヨーロッパ大陸では「表のVサイン」との区別なく勝利のVサインとしても使われています。ただし英語圏では「性的侮辱」の意味で使われています。アメリカでは、1960年代にヒッピーたちが警官を侮辱するときに平和を表すVサインをわざわざ裏返したことに起因するという説もあります。実際アメリカでは「性的侮辱」を表す場合には、古典的な中指を立てるジェスチャー (the finger) が用いられていますが、このジェスチャーが大変強烈な侮辱を表すため、警官に対してはより曖昧な侮辱となる裏返しVサインを行ったのだろうと考えられています。

・**手招き**(beckon)

　"Come here!"(こちらへいらっしゃい)という手招きのジェスチャーは英語圏と日本で大きく異なっています。英語圏では、片手を前に伸ばし、手のひらを上に向けて軽く開き、親指以外の4本の指を自分の方に2〜3回招くように動かします。人差し指1本で行うこともありますが、手のひらを上にして手招きを行うところが特徴です。男女、年齢を問わず日常よく使われる動作ですが、目上の人に対しては使いません。

図9.6　手招き

　日本の手招きのジェスチャーは手のひらを下にしますので、英語圏では誤解される可能性もあります。このジェスチャーが片手振り(wave)や拒否手振り(dismissive wave)と混同され、「さよなら」や「あっちへ行け」という意味に解釈されてしまう場合があるからです。もちろん、「こちらへいらっしゃい」という手招きと「あっちへ行け」という人払いでは全く意味が異なるわけですから、ジェスチャーが使われるコンテクストが違いますし、手を動かす方向性も違います。日本の手招きでは手を自分の方向へ動かすのが基本ですが、拒否手振り(dismissive wave)では、手を胸の前からななめ上に向かって振り上げ、手先を手前から相手の方向へ2〜3回掃き出すように動かします。

・**胸さし**(pointing to chest)

　英語圏では「自分」を表すときに胸をさし示すジェスチャーをします。次

の3種類のやり方があります。人差し指を1本出し、その先で自分の胸をさすやり方、片方の手のひらを少しすぼめて自分の胸をさすやり方、そして片方の手のひらを広げて自分の胸に当てるやり方です。

　動作だけでも使いますが、"It's mine"や"You're asking me?"などのように「自分」ということばと一緒に使われます。

　日本でも同様の使い方がありますが、普通、日本人が自分をさす動作としてよく行っているのは「人差し指で自分の鼻をさす」動作です。こちらの動作は、英語圏では文字通り「鼻をさす」という意味しか伝えません[6]。

・**握手**(hand shake)

　出会いと別れの挨拶で行われる儀礼的動作として、英語圏でよく使われる動作です。出会いと別れの挨拶では、握手に加え、抱擁(hug)、頬へのキスなどもありますが、性別、年齢、相手との人間関係によってどのジェスチャーが使われるかは異なっています。握手は最も一般的な挨拶のジェスチャーで、特に男性同士では典型的であり、使用頻度も非常に高いと言えます。

　握手は、相手の目を見て、右手で相手の右手をしっかり握り、上下に振ります。この中で、相手の目をみること、しっかり握ること、右手で行うことは握手の3原則です。日本人の握手は相手の指先をつまむような形で握り方が弱いと言われています。

・**肩すくめ**(shrug)

　両肩を上げると同時にひじを軽くまげ、手のひらを相手の方に開いてみせるジェスチャーです。「知らない」「無関心」「あきらめ」「あきれる」などの気持ちを表す時に用います。"I don't know"(知らない、わからない)や"I don't care"(どうでもいい)という表現を伴う場合もありますが、単独でも使えます。

　英語圏では、性別、年齢を問わず日常で非常に頻繁に用いるジェスチャーです。「どうでもよい」という意味で目下の者が目上の者に対して用いるのは失礼にあたります。

図 9.7　肩すくめ

・英語表現になっているしぐさの例

　最後に英語表現になっているジェスチャーの例を2つ紹介します。まず英語圏には、"knock on wood"（アメリカ）または"touch wood"（イギリス、アイルランド、インド、オーストラリア）と呼ばれ、「木製のものに触れる」というジェスチャーがあります。これは、「いやなことが起こりませんように」とか「このままのよい状態が続きますように」というおまじないの一種で、ゲルマン民族の信仰が起源だと言われています。自慢話や不吉な話などをしたあとで、復讐の女神の呪いを避けるために木製の物に触る（あるいはノックする）動作をし、ことばでも口に出して言います。

　アメリカのスポーツ中継などがお茶の間でも手軽にみられるようになり、"high five"というジェスチャーは日本の若者の間でも一般的になりつつあります。このジェスチャーは和製英語で「ハイ・タッチ」と呼ばれているもので、2人が同時に頭の高さで互いの手のひらをあわせ、平手打ちをする動作をさします。"Give me five"または"High five"という表現で示され、称賛・祝勝を意味するジェスチャーです。

まとめ

　言語行動に付随して使われる非言語コミュニケーションの諸相を通して、コミュニケーションの複雑さとおもしろさを概観しました。特に身体動作学

で扱われるジェスチャーは、語彙的動作を除き、かなりコンテクストに依存し、言語メッセージに付随して類推できる場合がほとんどです。コンテクストを適切に解釈できれば、これらもあまり問題なく理解できると思われます。

しかしながら、国際共通語としての英語を使う場合に、どこまで母語英語圏の非言語コミュニケーションに従うかどうかには、考慮の余地があります。特に、語彙的動作はそれを知らない人に対して使ってしまうと誤解を招く原因になることもあり得ます。外国語としての英語話者や第二言語話者との会話では、あえて語彙的動作を使用せず、コミュニケーション齟齬の芽を摘んでおく配慮が必要ではないでしょうか。

また、気をつけなければならないことは、相手の言語文化における非言語コミュニケーションについての気づき(awareness)です。自分の文化では一般的な身振り手振りであっても、他の文化では、相手に不快感を与える場合がありえるということを知っておくべきでしょう。

練習問題

1. ホールが明らかにした、アメリカ人が適切と感じる対人距離を実際に誰かととってみましょう。どのように感じましたか。
2. 自分が誰かとコミュニケーションをとる際に、どのようなパラ言語を用いているか、意識してみましょう。コミュニケーションの場面や相手、内容などによって、どのような違いがあるでしょうか。
3. 「語彙的動作」、「感情表出」、「適応動作」、「例示的動作」、「発話調整動作」を、伝達意図が明示的なものから順に並べてみましょう。
4. 異文化をもつ人とのコミュニケーションをする中で、その意味が理解できない動作をされたことがありますか。または、自分の身ぶりが誤解を招いたような体験をしたことがありますか。それは、どのようなジェスチャーだったでしょうか。

注

1. 白人系アメリカ人をさします。
2. 書きことばでも、フォントや書体、絵文字などによって、「いかに話すか」と類似の効果が表せることもあります。
3. 1971年ウィンザー城にて王室勢ぞろいの写真では、エリザベス女王がこの足の組み方で中央の椅子に腰かけています。
   http://www.time.com/time/photogallery/0,29307,1732332_1567518,00.html
4. 南東ヨーロッパ、中南米では、非常に卑猥な意味や性的な意味で用いられるので注意が必要です。
5. 人差し指、中指、薬指、小指、親指の順で手のひらを開いていく数え方もあります。
6. なお、英語圏では鼻の両脇（あるいは一方）を片手の指先で軽くさわる「鼻たたき（nose tap）」という類似のジェスチャーがあります。こちらは、「相手に嘘をつく、だます」「秘密だぜ」といった共謀の合図として使われます。"Nose"が警察のスパイを表す俗語で18〜19世紀にかけて広く普及していたことに由来します。また、「おせっかいをやめて」という意味もあり、"nosy"（詮索好きな）という語を連想させる動作です。

参考文献

大坊郁夫（1998）．『しぐさのコミュニケーション―人は親しみをどう伝えあうか』サイエンス社．

Ekman, P. (1972). Universals and cultural differences in facial expressions of emotion. In J. Cole (Ed.), *Nebraska Symposium on Motivation 1971*, (Vol.19, pp.207–283). Lincoln, NE: University of Nebraska Press.

Ekman, P., & Friesen, W. V. (1969). The repertoire or nonverbal behavior: Categories, origins, usage, and coding. *Semiotica, 1*, 49–98.

Hall, E. (1966). *The hidden dimensions*. Garden City, NY: Doubleday.

モリス, D.・コレット, P.・マーシュ, P.・オショネシー, M.（1992）．『ジェスチュア―しぐさの西洋文化』（多田道太郎・奥村卓司・訳）．角川書店．［原著：Morris, D., Collet, P., Marsh, P., & O'Shaughnessy, M. (1979). *Gestures*. London: Jonathan Cape.］

モリス, D.（1999）．『ボディートーク』（東山安子・訳）．三省堂．［原著：Morris, D. (1994). *Bodytalk: A world guide to gestures*. London: Jonathan Cape.］

中村真（1991）．「情動コミュニケーションにおける表示・解読規則―概念的検討と質問紙調査」『大阪大学人間科学部紀要』第17号, pp.115–145．

東山安子・フォード, L. (2003).『日米ボディートーク―身振り・表情・しぐさの辞典』三省堂.

Trager, G. L. (1958). Paralanguage: A first approximation. *Studies in Linguistics, 13*, 1–12.

推薦図書

ブロズナハン, L. (1998).『しぐさの比較文化―ジェスチャーの日英比較』〔第 10 版〕(岡田妙・斎藤紀代子・訳). 大修館書店.［原著：Brosnahan, L. (1990). *Japanese and English gesture: Contrastive nonverbal communication*. Taishukan.］

小林祐子 (2008).『しぐさの英語表現辞典』研究社.

第 10 章　語彙からみる英語らしさ

はじめに

　この章では英語の語彙の特徴を、言語文化的特徴および認知的特徴から分析します。歴史的に英語がハイブリッド言語であることをふまえ、言語接触による影響を語彙がどのように残しているのかについて概観するのと同時に、現代の英語語彙が、どのように英語らしい「ものの捉え方」(認知)を反映しているのかについて論じます。さらに婉曲語法や政治的公正さについても触れ、英語文化の反映としての語彙を考察します。

10.1　歴史からみる

　第3章でも触れましたが、英語はイギリスがたどった歴史、特に他民族との接触によって大きな影響を受けました。まずブリテン島はいくつもの民族によって侵略されました。その結果、英語は異言語からの借用語彙が大量に混入して出来た混血の言語となったのです。やがてアメリカへ渡った英語は、独自の語彙を手に入れます。先住民のことばやイギリス以外のヨーロッパ諸国からの移民のことばです。また、日本語をはじめアジアのことばも驚くほど英語の中に入っています。以降の節ではそれらの借用語の例も紹介しましょう。

10.1.1　イギリス英語にみられる借用語

　450年ごろからブリテン諸島はアングロサクソン人による侵略を受けま

す。農耕民族だった彼らのことばに起源をもつ語彙には、表10.1のように農耕文化を反映したものが含まれているという特徴があります。

表10.1 アングロサクソン語彙
（コツィオル, 1973, p.18参照）

農耕・牧畜	dog、sheep、ox、swine、plough、wood、field、shepherd、egg、earth、
日常生活	laugher、mirth、merry、mind、glee、fellow、sky、window、knife、food、man、wife、child、brother、sister、make、do、have、hold、bring、open、get、hit、drink、eat、sing、play、work、
文法用語	the、is、you、here、there

　アングロサクソン起源の語彙は、現代英語の中にも脈々と生き続けています。ある研究によると、英語で最も一般的な100の単語は、すべてアングロサクソン起源であると言われています（McCrum et al., 1987, p.61）。

　6世紀末にキリスト教がイングランドにもたらされると、英語に大きな変化が起こります。人々がキリスト教に改宗したことによって、ギリシャ語とラテン語が古英語の中に借用されたのです。具体的な事物をさす語彙のみならず、抽象的な思想を表現する語彙が発達し、英語は文化的に洗練されていきました。この時代にラテン語から流入した英語語彙には、日常語としては、street、wall、dish、noon、offerなど、教会に関わる語彙としては、angel、temple、monk、priest、mass、paradise、creedなどがあります（小学館外国語辞典編集部（編）, 2006, p.462）。

　さて、イギリス英語を語彙という観点からみたときに最も大きな影響を与えたのはフランス語です。フランス語を母語としていたノルマン民族が侵入し、1066年にはウィリアム公がイングランドの王となります。それ以降、英語を母語とする王は300年近くも現れませんでした。フランス語は王室、教会、政治の言語、ラテン語は職業および学問の言語、英語は民衆語のように棲み分けが起こりました。それによって、表10.2に示すとおり、英語には3つの同義語が存在し、それぞれに、微細な意味の違いを表現できるようになりました。

表 10.2　3 種類の同義語

英語	フランス語から	ラテン語から
time	age	epoch
ask	question	interrogate
fast	firm	secure
rise	mount	ascend

　また、表 10.3 に示すとおり "A and B" という言い回しで、異言語に語源をもつ同義語を重ねて言う言い方（ダブレット）にも、英語語彙がハイブリッドであることが示されています。

表 10.3　異言語に語源をもつ同義語のダブレット

語源	例	連結語	例	語源
AS	end		aim	F＜L
AS	ways		means	F＜L
F	acts		deed	AS
AS	will	and	testament	F
AS	keep		maintain	F
AS	breaking		entering	F
AS	final		conclusive	F

AS = Anglo-Saxon；F = French；L = Latin；＜ = derived from

　この時代、当然のことながらフランス語から英語への語彙の借用は、他のどの言語もしのぐものでした。表 10.4 からもわかるとおり、それらの借用語彙の意味の範囲は広範に及んでおり、現在に至っているのです。

表 10.4　フランス語からの借用語
(小学館外国語辞典編集部(編), 2006, p.462 および、コツィオル, 1973, pp.19–20 参照)

語彙ジャンル	例
称号	baron、count、countess、prince、sir
行政	city、council、court、government、jury、mayor、
軍事関係	arms、battle、defeat、lance、war
職人、商人	butcher、mason、merchant、tailor
芸術、学問	art、color、grammar、music
親族名	aunt、cousin、nephew、niece、uncle
抽象語	ability、blame、custom、despair、grace、joy、silence
生活用語	age、chain、chess、dance、fruit、forest、large mutton

さて、16世紀以降に英語に流入してきた語彙には、表10.5のようなものがあります。異言語から借用された語彙をみることで、英語話者がどの文化のどのジャンルに大きな関心を寄せていたかを垣間みることができます。

表 10.5　借用語が反映する語彙ジャンル
(小学館外国語辞典編集部(編), 2006, p.463)

フランス語(料理、服装)	bonbon、café、chic、menu、rococo
ギリシャ語(科学)	autograph、photograph、saxophone、electricity
イタリア語(音楽、芸術)	concert、fantasia、opera、sonnet、piano
オランダ語(絵画、海洋)	dock、landscape、sketch、easel

10.1.2　アメリカ英語にみられる借用語

1620年のメイフラワー号到着以降、本格的にアメリカ大陸にもち込まれた英語は、イギリスからの移民によって、もともともっていた語の意味が転用されたり、新しい語が作られたりしながら、徐々に変容していきます。その後も、世界各地から「新大陸」アメリカにやってきたさまざまな文化的背景をもつ移民の話す多様な言語や、かつてインディアンと呼ばれたアメリカ先住民(Native American)のことばの語彙を借用することで、英語は益々混

血の言語となっていくのです。

表 10.6　アメリカ英語にみられる借用語彙
（コツィオル, 1973, pp.25–27）

先住民の言語	moose、persimmon、raccoon、tomahawk、totem、moccasin、igloo、kayak、pecan、chipmunk、skunk、squash、pow-wow
フランス語	bureau、cent、chowder、depot、dime
スペイン語	bonanza、cafeteria、canyon、coyote、creole、desperado
オランダ語	boss、cookie、waffle
ドイツ語	delicatessen、pretzel、noodle、semester

　アメリカ合衆国の 27 の州名が先住民のことばを借用していることは注目に値するでしょう。例えば、コネチカット州はモヒカン族のことばで「干満のある長い川」ということばに、イリノイ州はアルゴンキン族のことばで「アルゴンキン語を話す人々」を意味することばに由来しています。このように、語義には、土地の特徴と人々の特徴という 2 つの傾向があります。数は少ないですが、両者を組み合わせた命名であるアラバマ州（チョクトー族のことばで「藪を開く人」）やユタ州（ショショーニ族のことばで「山に住む人々」）もあります（有馬, 2003, pp.117–118）。

10.1.3　日本語からの借用語

　日本語から英語に借用された語彙もあります。*Oxford English Dictionary*（on-line edition, 2011）では、約 500 語が掲載されています。19 世紀前半以前には、80 語ほどしか英語の中に入っていなかった日本語ですが、日本の開国と共に 19 世紀後半から現代に至るまでの間にさまざまな語彙が英語に借用され使われることになったのです。最も語彙数が多いジャンルは、スポーツと娯楽、次に芸術、工芸品など伝統文化が続きます。近年では、エンターテイメントに関連する語彙をはじめ現代社会を反映する日本語さえも英語に借用されるようになってきました。

表 10.7　日本語からの借用語彙
（小学館外国語辞典編集部（編）, 2006, pp.454–455）

ジャンル	例
伝統文化	*haiku*、*Noh*、*kimono*、*geisha*、*bushido*、*samurai*
スポーツ	*judo*、*kendo*、*keirin*、*sumo*
食べ物	*tempura*、*sushi*、*miso*、*sashimi*、*wasabi*、*tofu*
娯楽	*karaoke*、*manga*、*anime*、*kawaii*
現代社会	*karoshi*、*otaku*、*kogai*、*shinkansen*

10.2　認知からみる

10.2.1　認知とは何か

　語彙はその言語の歴史を反映すると同時に、言語コミュニティで共有されているモノの見方や考え方も反映しています。

　私たちの周りの世界は、私たちとは無関係に客観的に存在しているわけではありません。私たちのモノの見方や考え方によってのみ意味のある存在としてそこにあるのです。このような主体的な意味づけをつかさどっているのが人間の認知能力です。私たちは、身の回りの事物や出来事との相互作用を通して、意味をモノに与えているのです。

　主体的意味付けが顕著にみられる現象には色々なものがありますが、ここでは英語のカテゴリー化（分類・類型化）と比喩（メタファー）について考えることにしましょう。

10.2.2　英語らしいカテゴリー化

　カテゴリー化に密接に関わってくるのが**プロトタイプ**（prototype）と呼ばれる概念です。あるカテゴリーに属するメンバーの中には、中心的（典型的）なものと周辺的なものがあり、その中心的メンバーをプロトタイプといいます。例えば「野菜」というカテゴリーの中で、「野菜らしさ」を最も典型的に感じさせるものにはニンジンやきゅうりがあります。また、あまり野菜らしくないものにはトマトやアボガドがあります。前者は野菜のプロトタイプ

というわけです。

　では、英語らしさや日本語らしさはどのようなところに現れているのでしょうか。語彙から各言語のプロトタイプをみようとするとき、モノの世界とコトの世界に分けてみることができます。前者は、自然物や人工物をどのように分類しているかをみることによって、後者は、社会習慣、行為、性質などをどのように理解しているかをみることによってわかります。

　モノの世界の代表的な具体例に食物があります。日本語では穀物は次のように下位範疇が分類されています。一番上に来るのはやはり米で、それに次いで、麦、粟（あわ）、稗（ひえ）、黍（きび）、とうもろこし、豆、と続きます。

　では、英語ではどうでしょうか。Grain（穀物）としては wheat、rice、corn の3つに分類されており、穀物のプロトタイプは、麦（wheat）ということになります。麦はさらに、wheat（穀物としての小麦）、flour（小麦粉）、barley（大麦）、rye（ライ麦）、oat（オート麦）に下位分類されます。英語の麦の下位分類が、それぞれ異なる語彙で表されていることに注意しましょう。一方、日本語では「麦」の下位分類は、大麦、小麦のように「〜麦」のような分類がなされています。つまり、日本語で「麦」というモノは、それほど典型的な穀物ではないので、細かく分類しようとする場合、単語を追加する必要性がでてくるのです。日本人の主食である「コメ」は日本語では稲、米、飯、ライスのように4つに分類されていますが、英語では rice という語彙しかありません。このように、ある文化にとって重要な概念は細かい分類がなされており、それに対応する語彙も与えられているということがわかります。

　次に親族呼称についてみていきましょう。これは私たちの家族・親族をどう呼ぶかということです。英語の brother、sister には性別の区別はありますが、年齢の差異は文法的に要求されていません。「兄」や「弟」と表現する場合、違う語彙を使うのではなく、elder や younger という単語を追加することになります。つまり、英語らしさという観点からすれば、親族呼称においては「性別」が重要だということになります。一方日本語では、「兄」、「妹」など異なる語彙で、性別に加え年齢差も区別して表すことができます（例：叔父と伯父）。つまり、年齢差（seniority）は日本語らしさを表していると言えるでしょう[1]。

さて、コトの世界を、嘘とlieの比較を通してみてみましょう。まず、日本語の「ウソ」には、①「真実でない」こと（例：「嘘が露顕する」）、②「正しくない」こと（例：「ウソ字」）、③「適切でない」こと（例：「これから小テストをします」「うそ〜！」）という3つの意味があります。これに対して、英語のlie（ウソ、嘘をつく）には「適切ではない」ことという意味はありません。したがって、日英で同じような単語のように見えても、使用できる範囲とその効果は異なります。日本語の感覚で"That's a lie."（ウソでしょ〜）や"You're a liar."（嘘つき！）など言ってしまうと大きな誤解を招く可能性がでてきます。なぜなら、これらの表現は、日本語の「ウソをつく」よりもはるかに露骨で相手の人格を否定することになるからです。

10.2.3　英語らしい喩え方

カテゴリー化と並んで英語らしさを演出する表現に**比喩**があります。比喩というのは、ある物事を別の物事に喩えて表現することをいいます。大別すると、「〜のような(as, like)」という語句を用いて喩えを述べる**直喩**(simile)と、直接喩える語句をもってくる**隠喩**(metaphor)とがありますが、ここでは共に比喩としてまとめて扱うことにします。

比喩の中には、言語の違いをこえて共通した理解が容易なものもありますが、その比喩の使われている言語の背後にある文化や社会を知らないと理解が難しいものもあります。日常的に使われる表現、特にイディオム、慣用表現などと呼ばれているものの中には、こうした独特の文化や社会を反映している比喩的な表現を含むものが多いのです。

例えば、私たちは人生を色々なモノに喩えて理解しようとしますが、代表的な比喩には、スポーツや賭けがあります（平賀, 1988 参照）。

スポーツに喩えると言っても、アメリカ英語とイギリス英語では異なるスポーツ（野球とクリケット）を使っているところが文化を反映していて興味深いところです。しかしながら、これらのスポーツのルールやプレーを知らないと、喩えの意味がわからないということになります。

表 10.8　人生はスポーツだ

比喩概念	比喩表現	意味
人生はフットボールだ（アメリカ英語）	The Iranian arms deal has become <u>a political football</u>.	イランへの武器供与問題は政治的かけひきの道具になっている。
	She's <u>a Monday morning quarterback</u>. After every failed project she lists everyone's mistakes.	計画が失敗するたびに皆のミスをあげつらうなんて、彼女は物事をあとでとやかく言う人だ。
	He <u>went into a huddle</u> with his lawyers before answering the questions.	質問に答える前に、彼は弁護士とヒソヒソと協議をした。
人生は野球だ（アメリカ英語）	Don't listen to him. He's way <u>out in left field</u>.	彼の言うことなど聞くな。全く見当違いのことを言っているのだから。
	If he doesn't dress neatly, he won't <u>get to first base</u> when he looks for a job.	彼が職探しをするのなら、きちんとした身なりをしなければ、最初からうまくいかないだろう。
	Don't let him <u>throw you a curve</u>.	彼にだまされるなよ。（カーブは打ちにくいことから）
	He already <u>had two strikes</u> against him because he came from a poor family.	貧しい家の出というために彼はすでに不利な立場にあった。
	He <u>struck out</u> in his new business.	彼の新事業は失敗に終わった。
人生はクリケットだ（イギリス英語）	It didn't seem <u>cricket</u> to leave the poor girl there.	かわいそうな少女をそのまま放っておくのは公平とは思えなかった。（クリケットの競技ではフェア・プレーの精神が不可欠なところから）
	As he failed in an examination again, he <u>was batting on a sticky wicket</u>.	試験にまた落ちたので、彼は不利な立場にあった。
	Don't let him <u>bowl you a googly</u>.	彼に騙されるなよ。（変化球を投げられることから）

（アンダーラインのところが比喩表現）

表 10.9　人生は賭けだ

比喩概念	比喩表現	意味
人生は賭けだ（例：ポーカー）（アメリカ英語）	You always say that you will quit, so we're going to call you bluff.	君はいつもやめるやめると言っているけれど、そんなはったりをかけるなら、いつでもやめてごらん。
	You can count on a true friend when the chips are down.	いざという時、本当の友達ならあてにできる。
	That is a blue-chip stock.	あれは優良株だ。（ポーカーのチップの中で青が最も価値が高いことから）
	That's my ace in the hole.	あれがとっておきの手なんですよ。（Stud poker で、1枚目に配られるカードを the hole card といい、それに最強のカードが来ていることから）
	If you play your cards right, you'll succeed.	事をうまく処理すれば、成功するでしょう。

ポーカーはカード・ゲームですが、アメリカでは賭けとして行われることが多いので、このような喩えとなって使われています。

表 10.10　価値はお金で計る

比喩概念	比喩表現	意味
価値はドルで計る（アメリカ英語）	Let me put in my two cents' worth.	ちょっと愚考を一言。
	I feel like a million bucks.	とても幸せな気分だ。
	Prof. Johnson gives A's to only one or two students, but in Prof. Brown's class, A's are a dime a dozen.	ジョンソン先生は優を1人か2人の学生にしかくれないが、ブラウン先生のクラスでは優はそこら中にごろごろしている。
	He can park that car on a dime.	彼はすごく狭い所でもきっちりとあの車を駐車できる。
	He's always nickel and diming me.	彼は私にいつもささいでつまらないことばかり言っている。
価値はポンド／ペンスで計る（イギリス英語）	Let me put in my two ha'pence (tuppence) worth.	ちょっと愚考を一言。
	He can turn his car on a sixpence.	彼はすごく狭い所でも車の方向転換ができる。

お金はもちろん価値をはかる上で最も簡便な方法です。ところが比喩ではアメリカ英語でもイギリス英語でも、比較的小さな貨幣単位が使われています。比喩が古い時代の名残であることも影響しているのでしょう。

10.3 婉曲語法と政治的正しさ

10.3.1 婉曲語法とは何か

相手にショックや不快感を与えるような内容に対して、直接的な表現を使って言うことを避け、より丁寧で受け入れやすそうな表現を用いることを**婉曲語法**(euphemism)といいます。例えば日本語で「死ぬ」という表現の代わりに「亡くなる」、「逝去する」、「永眠する」のように言うことがあります。英語でも同様に"die"を"pass away"と言い換えたり、あるいは"toilet"を"bath room"のように言い換えたり、いいにくいことを遠回しに表現します。婉曲語法の事例は、死、病気、性、排泄、身体部位などに関してだけでなく、政治、経済、軍事、権力、宗教、仕事、地位、階層、人種などの社会的なテーマにおいても多くみられます(表10.11参照)。

表 10.11 英語の婉曲語法

意味分野	直接表現	婉曲語法による言い換え例
死	die(死ぬ)	pass away
	graveyard、cemetery(墓地)	memorial park
病気・障害	disabled(障害のある)	handicapped、challenged(努力をする必要のある)
身体部位	ass(お尻)	bottom
	naked(裸)	nude
性	homosexual(ホモセクシュアル)	gay
軍事	bomb(爆弾)	device
仕事	poverty(貧困)	low-income
地位・階層	old man/woman(高齢男性／女性)	senior citizen
人種	Black American(アメリカ黒人)	Afro-American

これらの例からもわかるように、婉曲語法には相手を気遣い攻撃性や衝撃を和らげて意味内容を伝える働きがある一方、本来は問題視されるはずの内容をそれらしいことばに置き換えてごまかしたり正当化したりする働きがある点についても注意する必要があります。

10.3.2　政治的正しさ

　20世紀後半、アメリカ社会では、人種、性、障害、貧困、身体的特徴などに由来する差別をなくそうとする運動が活発化しました。これにともなって、差別や偏見に基づいた表現や認識を政治的に妥当なものに是正しようという動きが高まります。特に、言語表現や用語に人種・民族・宗教・性差別などの偏見が含まれていないことを目指して、**政治的な正しさ**（political correctness, PC）を意識したことばの使い方を推し進めようとしたのです。そのような目的に沿って新たに作られたことばはPC語（PC words）と呼ばれています。

　例えば、政治的な正しさの観点から、それまでのことばに含まれていた性差別（sexist language）をなくそうとして、どちらか一方の性に固定化されていた職業や役割などを表すことばは両性表現へと言い換えられました。いくつかの事例をみてみましょう。

　表10.12に示すとおり、職業や役割を表す語には、歴史的にその職に男性が多く就いていたという事情を反映し"~man"がついていました。しかしながら近年、このような職名は、その職業が男性のものとしてステレオタイプ化された印象を与え、女性の社会進出を妨げる性差別的なものだと考えられるようになりました。性差別を避けるためには、女性をさす語を追加すること（例えばbusinessmanに対してbusiness womanを加えること）もできましたが、性別を限定しない表現（business person）に置き換えられたのです。暗に女性に限定されていた"stewardess"や"housewife"も同じように中立的な表現へと言い換えられました。

　英語では"man"は「男性」という意味だけでなく、「人間」という意味ももっています。そこで"mankind"、"manmade"、"manpower"など"man"を含む語を別の言い方に置き換える方策もとられました。

表 10.12　Sexist Language の言い換え

性差別を含む表現	言い換え表現
businessman	business person
chairman	chairperson、chair
fireman	fire fighter
freshman	first-year student
housewife	homemaker
layman	lay person
mankind	humankind、human beings
manmade	manufactured、artificial
manpower	workforce
policeman	police officer
spokesman	representative
stewardess	flight attendant

　また、同様に性差を内包したことばの問題として、敬称があります。英語では男性は Mr. で統一されているのに対し、女性は結婚しているかどうかによって Miss か Mrs. と区別されていました。そこで、公文書における女性の敬称を男性のように統一すべきだとして Ms. が提案されました。1973年に提出されたこの法案は結局成立しませんでしたが、1970年代の女性解放運動の流れとあいまって、英語の脱性差化 (de-gendering) 運動の始まりとして大きな反響を呼びました。現代では、Ms. はごく一般的に使用されています。

　このような語彙レベルの言い換えに加えて、文法的にも脱性差化した英語の使い方が推奨されました。代表的な例に代名詞の使用があります。

（1）
(Sexist) Each student should bring *his* dictionary to language classes.
(Non-sexist) Each student should bring *her/his* dictionary to language classes.
(Non-sexist) *Students* should bring *their* dictionary to language classes.

（2）（デュモンド, 2000, p.36）
(Sexist) A good dancer chooses *his* choreographer carefully.
(Non-sexist) A choreographer must be chosen carefully by a good dancer.

　例1や例2に示すように、できるだけ三人称単数を使う表現を避け、複数形、受動態などを効果的に使うことによって、脱性差化をはかることが提案されています。
　1980〜1990年代以降、「政治的正しさ」がメディアなどで大きく取り上げられるようになり、アメリカを始めとする英語圏ではことばから差別をなくすという運動が、着実に進んでいるかにみえます。「政治的正しさ」の取り組みは、今では日本にも少なからず影響を与えていると言えるでしょう。

まとめ

　英語の語彙について、歴史的、認知的、社会的観点から考察しました。語彙には、英語圏の歴史や文化・社会の影響を色濃く反映しており「英語らしさ」が豊かに現れていることを学びました。また、語彙の中にいわば刷り込まれている英語的モノの見方や考え方についても触れました。語彙は分類や比喩を通して、英語的思考や世界観を私たちに提示しているとも言えるのです。
　英語が世界中で使われる理由の1つとして、語彙の豊富さがあげられています。英語語彙が特にヨーロッパ諸語から多くを借用していることは、国際共通語として見落とせない利点です。つまり、ヨーロッパ諸語を知っている人からみれば、英語は語彙レベルで親しみやすい言語だということが言えるからです。

練習問題

1. 英語の中にある借用語について調べてみましょう。どんな人々が話していたどんな言語から、語彙を借用したのでしょうか。
2. 日本語から英語に入った語彙について調べてみましょう。時代やジャンルに関して、日本語からの借用語彙に特徴はありますか。
3. 英語と日本語の比喩の中から、言語の違いをこえて共通した理解が容易だと思われる表現と、そうでないものをあげてみましょう。
4. 「婉曲語法」について、本章であげられていたものとは別の例を用いて説明してみましょう。

注

1 日本語においては語彙レベルのみならず、語用のレベル（例：敬語）においても、参与者間の年齢差は大きな影響をもっています。

参考文献

有馬道子（2003）．「記号論」山梨正明・有馬道子（編著）『現代言語学の潮流』(pp.108–127)．勁草書房．

デュモンド, V.（2000）．『性差別をしないための米語表現ハンドブック』(稲積包昭・野谷啓二・訳)．松柏社．[原著：Dumond, V. (1990). *The elements of nonsexist usage: A guide to inclusive spoken and written English*. Des Moines, IA: Prentice Hall Press.]

平賀正子（1988）．「アメリカ英語の比喩」比嘉正範・N. ティール（編）『アメリカの言語文化 II』(pp.53–66)．放送大学教育振興会．

コツィオル, H.（1973）．『英語史入門』(小野茂・訳)．南雲堂．[原著：Koziol, H. (1967). *Grundzüge der Geschichte der englischen Sprache*. Darmstadt: Wissenschaftliche Buchgesellschaft.]

McCrum, R., Cran, W., & MacNeil, R. (1987). *The story of English*. London: Faber and Faber; London: BBC publications.

小学館外国語辞典編集部（2006）．『英語便利辞典』小学館．

推薦図書

バケ, P. (1976).『英語の語彙』(森本英夫・大泉昭夫・共訳). 白水社.［原著：Bacquet, P. (1974). *Le vocabulaire anglais*. Universitaires de France.］

池上嘉彦(2006).『英語の感覚・日本語の感覚―「ことばの意味」のしくみ』日本放送出版協会.

國弘正雄(1974–1975).『アメリカ英語の婉曲語法』ELEC 出版部.

Neaman, J. S., & Silver, C. G. (1983). *A dictionary of euphemisms*. London: H. Hamilton.

第 11 章　文法からみる英語らしさ

はじめに

　第 10 章に引き続き「英語らしさ」について、今回は文法という観点から分析します。語彙の中に英語文化が反映しているということは比較的わかりやすいのですが、文法となるとどのように英語らしさが現れているのでしょうか。本章では、英語で好まれる文型や言い回しには、どのようなモノの見方や捉え方、あるいは英語的発想が影響しているのかについて概説を試みます。特に、認知言語学という分野で展開されている考え方（cf. 池上, 1981, 1995, 2006；吉村, 1995, 2004；大堀, 2002 など）にしたがって、文法関係（主語）、品詞（動詞・名詞）、および構文（他動性からみる事態把握）を手がかりに、日英の事例をあげながら、文法からみる英語らしさについて考察します。

11.1　文法関係（主語）

　まず基本的な文法概念として、**文法関係**（grammatical relation）をとりあげます。文法関係というのは、主語、述語（動詞）、補語、目的語からなる文の要素によって示される関係をさします。一般に動詞で示される**述語**（predicate）に対して、性・数などが一致して用いられる名詞を**主語**（subject）、動詞によって表現される動作を受ける要素を**目的語**（object）、主語や目的語の属性や性質を補いながら叙述する要素を**補語**（complement）と言います。ここでは、英語らしさを決定づける 1 つ目の要因として「主語」について論じます。

11.1.1　主語をめぐる日英語の違い

　身近にある具体的な例を引きながら、考えてみましょう。知らない土地で、迷子になってしまいました。「ここは、どこですか？」と英語で聞くとき、どのように言ったらいいでしょうか。

（1）a. ??[1] Where is here?
　　 b. ?? Where is this place?
　　 c. ?? What is this place?

日本語の「ここ」を主語にして英文を作ると（1）a、b、cのようになりますが、何かおかしな英語になってしまいます。自然な英文では（2）のように「私」を主語にして言います。

（2）　Where am I?　　　　　　　　　　　　　　　（池上, 2006, p.163）

（2）の文をそのまま日本語に訳すと、今度は「私はどこに居ますか？」となります。日本語としては、どうも不自然な表現になってしまいます。私たちが迷子になって、今いる場所がわからない時に発する日本語の「ここはどこですか？」と英語の"Where am I?"の違いは、どうやら「主語」として何をどのように表現するのかにかかっているように思われます。
　まず**主語**（subject）と**話題**（topic）の観点から、次に主語の言語化という観点から考察してみましょう。

11.1.2　主語と話題

　Halliday（2004, pp.53–58）は、主語には以下の3種類があると考えました。

①**文法的主語**（grammatical subject）—文法関係上の主語
②**論理的主語**（logical subject）—意味的に行為の**主体**（actor）、**動作主**（agent）となる要素
③**心理的主語**（psychological subject）—話題（topic）を表す要素

例えば、次の文をみてみましょう。

（3） Tom gave my sister this book.

ここでは、Tom が文法的主語になっていますが、同時に、give という動作を行う人（行為主体、動作主）として、論理的主語という役割も担っています。しかも、この文では Tom が文の話題、すなわち話者が何かについて述べようとする時にまず言及を始めるテーマになっているので、心理的主語も Tom となります。

（4） My sister was given this book by Tom.

(4)は(3)を受身にした文です。ここでは、my sister が文法的主語になっています。Give という動作を行う人は Tom ですから、論理的主語は Tom です。この文では my sister を話題としてとりあげているので、my sister が文法的主語であると同時に心理的主語も担っていることになります。

（5） <u>This book my sister was given by Tom</u> sounds really interesting.

では、(5)の下線部のような節ではどうでしょうか。文法的主語は my sister、論理的主語は Tom、そして心理的主語は、話題となっている this book となり、3種類の主語が全部別々の要素に対応していることになります。

　Halliday (2004) は更に、英語では文法的主語、論理的主語、心理的主語が一致している文が最も典型的であると指摘しています。つまり文法的主語が、動作主（行為の主体）でもあり話題でもある場合が「英語らしい」ということになります。

　日本語では、これら3種類の主語がどのように現れるのでしょうか。日本文法の中で「日本語らしさ」を表す文として有名な以下の例文を取り上げてみましょう。

（6） 象は鼻が長い。

(6)の文法的主語が「鼻」であることは明らかです。では「〜は」によって導かれる要素である「象」は何にあたるのでしょうか。この文で話題となっているのは「象」なので、心理的主語ということになります。つまり、日本語では、文法的主語と心理的主語（話題）が必ずしも一致しない表現（例えば(7)や(8)）が多くみられるという特徴があるのです。

（7） あんたは態度が悪い。
（8） 新宿は人が多い。

ちなみに(9)〜(11)は上記の例文を英語で表現したものです。

（9） An elephant has a long trunk.
（10） You have a bad attitude.
（11） Shinjuku has a lot of people.

英語では、an elephant、you、Shinjuku が文法的主語であると同時に心理的主語でもあることがわかります。

　世界のさまざまな言語を、**主語**(subject)と**話題**(topic)という文法関係に焦点をあてて分類した研究（Li & Thompson, 1976）でも同様の指摘をしています。この研究によれば、英語は「主語中心の言語」、日本語は「主語中心でもあり、話題中心でもある言語」だと特徴づけられています。このことは次のような例文を比較するとよくわかります。

(12)　Bill cut a tree and fell.
(13)　与作がこの木を切って、倒れた。　　　　　　（角田, 1991, p.208）
(14)　この木は与作が切って、倒れた。　　　　　　（角田, 1991, p.208）

(12)では、倒れたのは、「文法的主語」である Bill としか解釈できません（も

ちろん、Bill は「論理的主語」「心理的主語」でもあります)。(13)でも同様で、倒れたのは与作です。これらの例は、主語に中心をおいて解釈された例ということになります。ところが(14)では、倒れたのは「この木」となります。(14)の文の「文法的主語」は与作ですが、「〜は」を伴い「話題」として導入されている「この木」が文法的主語に優先して働きます。「この木」は「切る」という述語の目的語ですが、同時に「倒れた」の「心理的主語(話題)」として解釈されるわけです。日本語が話題中心の言語である例の1つです。

11.1.3　主語の言語化

　英語において主語が優位性をもっていることは前節で述べた通りです。英語では、命令文やごく限られた例外的な場合を除き、主語(特に文法的主語)は省略できません。では、何を主語にするか、つまり主語として焦点化される対象に何を言語化するのかについて、日英を対照させて考えてみましょう。

(15)　a. その山間部は雪がよく降る。

　　　b. It snows a lot in the mountain area.

　　　c. We have a lot of snow in the mountain area.

　　　d. The mountain area has a lot of snow.

(16)　a. どうしてこんな結論が出たの？

　　　b. How did you get this conclusion?

　　　c. What led you to this conclusion?

(17)　a. 電車で足を踏まれちゃった。

　　　b. I had my foot stepped on in the train.

　　　c. Someone stepped on my foot in the train.

(18)　a. 長いトンネルを抜けると雪国であった[2]。

b. Coming out of the long tunnel, I found myself in the snow country.
　　c. The train came out of the long tunnel into the snow country.

（Kawabata, 1996[1956], p.3）

　(15)から(18)は日英でほぼ同じような意味を伝えている文章です。文法的主語に下線をほどこしました。(15)と(16)をみると、日本語では「雪」や「結論」が主語となり、自動詞を使って表現していますが、英語では動作主である人("we"、"you")や事物("the mountain area"、"what")を主語にし、他動詞を使っている傾向があることがわかります。更に(17)と(18)の例文をみると、日本語では主語が省略され、言語化されていません。英語ではこのような主語の省略はできませんので、動作主である"I"、"someone"や"the train"を主語として、同様の意味を表現することになるのです。

　同じ状況を語るときにも、使用する言語によってその状況の捉え方、つまり**事態把握**(event construal)は異なります。すなわち、英語では主語を立て、出来事の参与者である行為の主体(動作主)を明示して表現するやり方が好まれていることになります。

11.2　品詞（動詞・名詞）

　品詞は単語を文法的な機能や形態などによって分類したものですが、その中で、動詞と名詞が最も基本的な品詞だと言われています。つまり、品詞のプロトタイプとも呼べるものです。これらの品詞を手がかりに、動詞や名詞ではどのような物の見方・捉え方が日英語にみられるかについて考察してみましょう。

11.2.1　動詞と名詞に共通する物の見方・捉え方

　動詞と名詞は、それぞれ動作を表したり、事物を表したりするときに使われる品詞で、一見するとどこに共通点があるのかわかりません。しかしながら、動詞や名詞がどのように事態を捉えているのかに着目すると、そこにある種共通するモノの見方・捉え方があると考えられています。

動詞の場合には、ある動作の始まりから終わりまでを限定して浮き立たせる捉え方をするか、動作の始まりや終わりには焦点化せず、いわば動作というよりはある状態が続いているという捉え方をするかという2つの志向性がみられます。名詞についてみれば、それがさし示す事物について、はっきりとした輪郭をもって捉えているか、あるいはぼんやりとした輪郭しか認識されていないかという志向性です。

前者のような輪郭が明確で変化やバラエティに富んでいる捉え方は、動詞では「動作」の動詞、名詞では「数えられる名詞」に典型的に観察される特徴です。一方、輪郭がぼんやりしており、全体を均質的に捉えるやり方については、動詞では、「状態」の動詞、名詞では「数えられない名詞」に対応していると言えます。

「動作」の動詞は、表11.1に示すように何らかの行為や物事の過程・変化、推移、運動に関連します。一方、「状態」の動詞は、表11.2にあげたように、状態や関係、知覚、感情、思考や認識に関わります。英語の「状態」の動詞は現在進行形をとることができないとされていますが、そもそも状態を表している動詞なので、進行形にする必要がないからなのです。

表 11.1 「動作」の動詞

動詞の意味	例
行為	ask、call、drink、eat、learn、play、read、say、take、work、write、etc.
過程・変化	change、grow、mature、etc.
推移	arrive、come、fall、go、leave、lose、etc.
運動（瞬間的）	hit、jump、kick、knock、etc.

表 11.2 「状態」の動詞

動詞の意味	例
状態・関係	be、have、belong、include、live、need、tend、etc.
知覚・感情	feel、hear、see、smell、like、envy、fear、hate、love、prefer、etc.
思考・認識	believe、consider、expect、forget、hope、imagine、know、suppose、think、understand、want、wish、etc.

「動作」の動詞と「状態」の動詞の違いは、「可算」名詞と「不可算」名詞の違いとパラレルの関係にあります。例えば、表11.3に示すように、普通名詞に代表される可算名詞で表されるモノは、「本」、「ペン」、「リンゴ」、「みかん」、「男の子」、「女の子」のように、頭の中で像を結ぶことができ、その像には何らかの輪郭が明確に備わっています。つまり、数えられるわけです。それに対して、物質名詞に代表される不可算名詞の「水」、「ミルク」、「ワイン」などは、瓶やコップのような容れ物がないとイメージするのが難しいものです。

表11.3　可算・不可算名詞

数えられる名詞(可算名詞)	数えられない名詞(不可算名詞)
普通名詞・集合名詞	物質名詞・抽象名詞
man、woman、boy、girl、human cat、dog、bird、insect book、pen、bag、school language、talk、lecture people、family	milk、tea、coffee、water、wine、 beer、cheese、gas paper、furniture advice、information happiness、beauty

　「動作の動詞」と「数えられる名詞」には、共通の性質としてのデジタル性、つまり、明確な形をもち、個別化されて把握できるという性質があります。一方、「状態の動詞」と「数えられない名詞」は、アナログ性、つまり、明確な形状はもたないのですが、一定の均質性をもつという特徴があります。前者は〈個体〉、後者は〈連続体〉という事態把握の志向性だとも言えます。このような特徴は、おそらくどんな言語にもあてはまると考えられますが、英語と日本語とでは、特徴の現れ方が対比的だと言われています。

11.2.2　動詞・名詞からみる英語らしさ

　このように品詞という文法範疇から、英語らしさと日本語らしさを類型化すると、どのようなことが指摘できるでしょうか。上述した動詞と名詞に共通する事態の捉え方を参照し、具体例にあたりながら考察してみましょう。
　まず、比較的わかりやすい名詞の例から始めることにしましょう。私たち

が英語を学び始めてまず気がつくのは、英語の普通名詞には単数形と複数形があるということではないでしょうか。その上、単数形の前には冠詞というものがついていることが多く、これがどのようになっているのかがわかりにくいということです。つまり、日本語にはない英語の名詞の特徴だからこそ難しいと感じたり、不思議に思ったりするわけです。

(19)　a. 午後に会議があります。
　　　b. I have a meeting in the afternoon.

日本語の名詞は一般に複数形をとらない[3]ので、(19) a の例では会議がいくつあるのかわかりません。英語では (19) b に示すように、可算名詞の meeting には、単数か複数かを示すことが必要となりますし、不定冠詞の"a"によっても数が示されています。もちろん、2 回会議があるのならば、"two meetings"となり、数詞と複数形で示すことになります。

　可算名詞と一緒に使うことの多い「不定冠詞」("a"または"an")は、その名詞でさし示されている対象が複数ある中から、1 つを〈個体〉、〈単位〉、〈種類〉などとして取り出すことが出来るということを前提としています。つまり、英語では可算名詞と不定冠詞がセットになって使用されることにより、モノは個別化されて把握されるということがわかります。

　英語では、このような可算名詞が名詞のプロトタイプなので、明確な輪郭をもつ〈個体〉として事物を認識する傾向が強いとされています。一方それに対して日本語では、明確な輪郭を欠く〈連続体〉として事物を捉える傾向があると言われています。前述した通り日本語の名詞は概ね不可算名詞ですが、丁度、英語の物質名詞に似ています。

　例えば (20) に示すように、英語の物質名詞を数えるときには、日本語の名詞を数えるときと似た現象が起きます。

(20)　a. ちょっと 1 枚、紙をください。
　　　b. Could you just give me a piece of paper?

日本語では「～枚」のような類別詞が用いられますが、同様に英語でも"a piece of ～"のような表現を用います。輪郭のないモノにあえて形を与えて数えられるようにするのです。

　ただし、英語の名詞の中には(21)のように、コンテクストや意味に応じてふるまいを変えるものもあります。

(21)　a. Would you like to have <u>a tea</u>?　　単数可算名詞　〈個体〉
　　　b. We'd like to have <u>two teas</u>.　　　複数可算名詞　〈個体の集合〉
　　　c. He makes good <u>tea</u>.　　　　　　　不可算名詞　　〈連続体〉

(21) a は、もちろん"a cup of tea"という意味ですが、可算名詞として一般に使用されます。(21) b は、複数形になっています。紅茶を注文するときによく使われる表現です。(21) c は〈液体〉としての紅茶を示しており物質名詞として使われています。

(22)　a. <u>紅茶一杯</u>いかがですか。
　　　b. <u>紅茶を2つ</u>お願いします。
　　　c. 彼はおいしい<u>紅茶</u>をいれるんですよ。

　(22)は(21)を日本語ではどのように表現するかを対比させたものです。日本語では、「紅茶」は物質名詞として単複同形であり、〈連続体〉として捉えられているため、あえて数えるときには「～杯」や「～つ」のように類別詞が必要になります。
　名詞にみられる「英語らしさ」は、〈個体〉としてモノを把握する傾向があるということです。名詞のプロトタイプは可算名詞であり、単数形と複数形があります。また、不定冠詞を伴うことも〈個体〉という事態把握を特徴づけています。一方、名詞にみられる「日本語らしさ」は〈連続体〉として事態を把握していることです。物質名詞がプロトタイプであり、単複同形です。数を数える場合には、類別詞が用いられます。
　さて、こうした事態把握の志向性は、動詞にも表れているのでしょうか。

まず、「動作の動詞」を例に日英の違いを考えてみましょう。

(23) a. 燃やしたけど、燃えなかった。
　　 b. *I burned it, but it didn't burn.[4]
(24) a. 彼がパーティに来るよう説得したけど、来なかった。
　　 b. *I persuaded him to come to the party; but, he didn't come.

　池上 (1985、および1995, pp.133–149) は、「燃やす」や「説得する」という動詞は日本語では(23)aや(24)aのように使えるのに、英語のburnやpersuadeでは不自然な英文になってしまうことを指摘し、「動作の動詞」の焦点が〈行為〉にあるか〈結果〉にあるかという観点から説明を試みています。つまり日本語の「燃やす」や「説得する」では、〈行為〉そのものに焦点があり、その行為がもたらす結果については問題としておらず、したがって、行為の結果が失敗であってもかまわないのです。しかしながら、英語のburnやpersuadeでは行為の〈結果〉に志向性があるので、(23)bや(24)bは内容が矛盾する不自然な表現とされるのです。つまり、英語の動詞では、行為の開始から結果まですべてを含んだ事態把握を前提とする傾向があるということになります。

表 11.4　動詞による事態把握の違い

	行為開始	行為継続	結果（目標達成）
説得する	○	○	○または×
persuade	○	○	○

行為の開始も終了も明確にされ、しかも行為の目的が達成されることを内包するような志向性は、動詞で表される行為の輪郭がハッキリしているという点で〈個体〉としての事態把握だと考えることが可能です。他方、日本語の動詞では、行為の結果について問題としないので、輪郭は曖昧、つまり〈連続体〉としての事態把握ということになります。

　「状態の動詞」ではどうでしょうか。

(25) a. 彼には 3 人子どもがいます。
b. He has three children.

　日本語では「〜がいる」や「〜がある」という存在を表す「自動詞」を使う表現を、英語では"have"という所有を表す「他動詞」で表現するのが普通です。「いる」も"have"も状態の動詞ですから、行為の開始も終了も明確ではありません。しかしながら、他動詞を使う英語の方が、自動詞を使う日本語よりも、行為そのものを際立たせていることが指摘できます。他動詞では動作主がある対象に影響を及ぼす行為をすることが前提となっており、"have"の使用によって所有関係が焦点化されています。これに対して、日本語では「〜には(場所)〜がいる」のように、場所における存在として概念化されていることになり、〈連続体〉としての認識が強いと考えられます。
　名詞ほどではありませんが、動詞にみられる「英語らしさ」についても、明確な輪郭をもつ〈個体〉として概念処理する傾向があると言えそうです。英語の動詞のプロトタイプは「動作の動詞」であり、「他動詞」です。一方、動詞にみられる「日本語らしさ」は〈連続体〉としての事態把握であり、「状態の動詞」、特に「自動詞」がプロトタイプということになります。

11.3　構文と事態把握

　動詞や名詞を中心に、「英語らしさ」「日本語らしさ」がどのように表れているのかを調べてみると、それぞれ〈個体〉への志向性、〈連続体〉への志向性という特徴があることがわかりました。では、単語にみられる品詞というレベルから語句や文のレベルへ拡大して、こうした英語らしさ・日本語らしさについて考察を深めてみましょう。

11.3.1　英語らしい構文・言い回し

　池上嘉彦は『「する」と「なる」の言語学』(1981)を始めとする一連の著作の中で、英語と日本語の事態把握が文法の諸現象に表出するさまについて、**〈個体〉への志向性**と**〈連続体〉への志向性**を軸に分析し、英語は「**す**

る」的・「モノ」的言語、日本語は「なる」的・「コト」的言語という特徴をもっているとして、対比的に説明を加えています。

〈個体〉への志向性は、ある出来事の中から個体を取りだして焦点化することを好みます。つまり事物であれ行為であれ、明確な輪郭をもつ「モノ」という捉え方をすることになります。「モノ」としての事物はより具体性を帯びて表現されます。「モノ」としての行為では、動作がより焦点化され、「動作主＋他動詞」構文を用いて、「～が～する」と表現されることが一般的です。

一方、〈連続体〉への志向性が強いと、事物や行為は独立性を失い、出来事や事態全体の中に埋没し、はっきりとした輪郭のない「コト」として把握されることになります。特に「コト」としての出来事は状態として認識され、このような状態への焦点化は、「自動詞」構文を用いて「～になる」と表現されます。

では、日英の例文を用いて、これらの対比的な志向性について考察していきましょう。

11.3.2 「する」的言語と「なる」的言語

ほぼ同様の内容を言う場合でも、日英で若干異なった言い方をした方が自然な印象を与えることがあります。

(26) a. I am getting employed.
　　　b. 私は今度就職します。
　　　c. 今度就職することになりました。

(27) a. The train will be delayed considerably.
　　　b. 電車は大幅に遅れます。
　　　c. 電車は大幅な遅れとなります。

(26)および(27)の英文をほぼ直訳した日本語表現 b は何か紋切り型の印象です。そこで「～なる」構文を取り入れた c の表現と比較すると、c の方が

日本語らしい言い方であることがわかります。日本語の例文 c では、「就職する」という行為や「電車が遅れている」という事態が、それぞれ「～こと」や「～と」を伴って名詞化され、いわば「状態」として把握された上に、その「状態になる」という自動詞構文で表現されています。一方、英語では、あくまでも「就職する」「遅延する」という「動作」に焦点化され、その上で他動詞の受身を使った構文で表現されています。

同様のことは、英語から日本語への通訳や翻訳の場面でも指摘できます。(28)は、英語ニュースの同時通訳と時差通訳（ニュースの入手後、ある程度時間をかけて通訳したもの）を比較したものです。

(28) a. "Record rainfall and widespread flooding has ruined much of this year's crop."　　　　　　　　　　　　　　（ABC News, June, 2008）
　　　b. (同時通訳)「記録的な雨と洪水で今年の生産はほとんど破壊されてしまいました。」　　　　　　　　　　（河原, 2009, p.39）
　　　c. (時差通訳)「記録的な雨と広い地域での洪水によって収穫の多くが台無しになってしまいました。」　　　（河原, 2009, p.39）

(28)b の同時通訳は、時間的な制約があるためどうしても英語原文にひきずられている印象ですが、それでも英語が無生物主語を伴った「動作主＋他動詞」という「する」的言語の構文で表現しているのに対し、b では受動態を使うことによって「状態」に焦点化していることが指摘できます。さらに、c の時差通訳では、「～になる」を用いています。「台無し」は名詞ですから、b に比べ、より「状態」に対する焦点化が強く表れている構文を使い、日本語としてより自然な印象を導いているということがわかります。

11.3.3 「モノ」的言語と「コト」的言語

前節で「する」と「なる」の対比について述べたことは、ほぼそのまま「モノ」と「コト」という事態把握の対比にあてはまります。(29)から(31)にあげる英語の例文を日本語で表現する場合、b のように英語の目的語に対して「～を」と訳すよりも、目的語に「コト」を加えて表現した方が自然な

印象を与えます。bでは、目的語で表現されている「モノ」が際だち独立して描かれています。一方、「コト」を加えると「モノ」の輪郭が失われ、状況的な意味合いが含まれたりするため、「状態」に対して焦点化されることになるのです。

(29) a. You're really in love with her, aren't you?
　　　b. 君は彼女を本当に好きなんだね。
　　　c. 君は彼女のこと本当に好きなんだね。

(30) a. Let's make it clear.
　　　b. そこをはっきりしようよ。
　　　c. そこんとこ、はっきりしようよ。

(31) a. You can't say that.
　　　b. それを言っちゃだめよ。
　　　c. そんなこと言っちゃだめよ。

このような日本語の構文上の志向性は、長めの文章にも現れているといえます。

(32) a. "Do you know of the millions in Asia that are suffering from protein deficiency because they get nothing but vegetables to eat?"
　　　b. 手に入る食べ物といえば野菜ばかりのため、タンパク質不足で苦しんでいるアジアの何千万の人たちを知っていますか。
　　　c. アジアの何千万人という人たちが手に入る食べ物といえば野菜ばかりのため、タンパク質不足で苦しんでいることを知っていますか。
　　　　（池上, 1981, pp.258–259）

(32) b と c を比較してみると、直訳に近い b の方が「苦しんでいる人たち」という目的語を際立たせる「モノ」的な表現、c の方が「アジアの人たちが

〜で苦しんでいること」、つまり「状態」に焦点をあてている「コト」的な表現になっています。これが、(32)cがbよりも日本語らしい印象を与える一因です。

まとめ

　英語と日本語の文法関係、文法範疇、言い回しなどが、どのように我々の「モノの見方」(認知)を反映しているのかについて分析することを通じて、「英語らしさ」の一端を、「日本語らしさ」との対比のうちに概観しました。文法は語彙に比べ、深いレベルで我々のモノの見方や考え方に連関しており、いわば無意識のうちに影響を与えているとも言えます。

　ここで対比的に示した文法にみられる日英の「志向性」の違いは、程度の違いでしかありません。ことばが営まれるコンテクストに応じて、私たちはこの志向性を自在に使いこなしているのであり、それが紛れもない事実だということも覚えておくべきでしょう。

練習問題

1. 11.2節を参照し、次の表を完成させてみましょう。

	動詞	名詞
輪郭が明確で変化やバラエティに富む捉え方		
輪郭が不明瞭で全体を均質的に捉える捉え方		

2. 松尾芭蕉の「古池や蛙飛びこむ水の音」の英訳をいくつか調べ、「蛙」がどのように表現されているか比較してみましょう。また、それぞれの表現から、訳者がどのような解釈をしたか考察してみましょう。

3. 「ここからスカイツリーが見えるよ」という日本語を英語に訳してみましょう。この章で学んだ「英語らしい」文で表現するとどのようになり

ますか。
4. 「同じ意味」とされていても、事態把握の志向性が異なる日本語と英語の単語のペアを探してみましょう。本文であげられていた「燃やす」と"burn"、「説得する」と"persuade"の他に、どのようなものがあるでしょう。

注
1　例文が不自然な文であることを示す記号。
2　池上 (2006, pp.195–197) に詳しい。
3　人々、木々、動物たち、などのように複数形をとる場合もありますが、非常に限定されています。
4　自然な英文では、"I tried to burn it; but, it didn't burn." のように "try" という動詞を一緒に使います。(24)b も同様です。詳細は Ikegami (1985) を参照。

参考文献
Gumperz, J. J. & Levinson, S. C. (eds.) (1996). *Rethinking linguistic relativity*. Cambridge: Cambridge University Press.
Halliday, M. A. K., & Matthiessen, C. (2004). *An introduction to functional grammar* (3rd ed.). London: Hodder Arnold.
池上嘉彦 (1981).『「する」と「なる」の言語学―言語と文化のタイポロジーへの試論』大修館書店.
Ikegami, Y. (1985). 'Activity' - 'Accomplishment' - 'Achievement': A language that can't say 'I burned it but didn't burn' and one that can'. In A. Makkai & A. K. Melby (Eds.), *Linguistics and philosophy: Festschrift for Rulon S. Wells* (pp.265–304). Amsterdam: John Benjamins.
池上嘉彦 (1995).『〈英文法〉を考える』筑摩書房.
池上嘉彦 (2006).『英語の感覚・日本語の感覚』日本放送出版協会.
角田太作 (1991).『世界の言語と日本語―類型論から見た日本語』くろしお出版.
Kawabata, Y. (1996[1956]). *Snow Country*. Translated by Seidensticker, E. G. New York: Vintage International.
河原清志 (2009).「英日語双方向の訳出行為におけるシフトの分析―認知言語類型論からの試論」日本通訳翻訳学会・翻訳研究分科会 (編)『翻訳研究への招待』第 3

号, pp.29–49.
Li, C. N. & Thompson, S. A. (1976). Subject and topic: A new typology of language. In C. N. Li, (Ed.), *Subject and topic* (pp.457–489). New York: Academic Press.
大堀壽夫(2002)．『認知言語学』東京大学出版会．
吉村公宏(1995)．『認知意味論の方法』人文書院．
吉村公宏(2004)．『はじめての認知言語学』研究社．

推薦図書
堀江薫・パルデシ, P.(2009)．『言語のタイポロジー』研究社．
池上嘉彦(2000)．『日本語論への招待』講談社．
西村義樹・野矢茂樹(2013)．『言語学の教室』中央公論新社．
大津栄一郎(1993)．『英語の感覚』(上・下)岩波書店．
谷口一美(2006)．『学びのエクササイズ　認知言語学』ひつじ書房．
辻幸夫(編)(2013)．『新編認知言語学キーワード事典』研究社．
吉村公宏(2011)．『英語世界の表現スタイル─「捉え方」の視点から』青灯社．

第 12 章　音韻からみる英語らしさ

はじめに

　「語彙」および「文法」から英語らしさについて考察してきました。最終章となる本章では、「音韻」のレベルではどのような英語らしさがみられるのかについて考えてみましょう。まず音韻論の分析手順を解説しながら、英語の音韻的特徴を日本語との比較をふまえて概説します。次に、国際共通語としての英語 (English as a Lingua Franca) にはどの程度の英語らしさが求められているのかについて、**わかりやすさ** (intelligibility) という観点から、**核** (Lingua Franca Core) となる特徴について音韻論を中心に探ります。

12.1　音声学と音韻論

　ことばによるコミュニケーションを媒介するものには、大別すると音声言語と書記言語があります[1]。前者は音によって、後者は文字によって意味を伝えます。両者とも非常に重要な役割を担っていますが、一般には音声によるコミュニケーションを人間の言語活動の中心とみなしています。それは、第 1 に、子どもの言語習得では、音声のほうが文字に先行すること、第 2 に、世界の諸言語の中には文字をもたない言語はあっても音声をもたない言語はないということによります。
　音声学 (phonetics) は、**言語音** (speech sounds) の物理的側面を研究する分野ですが、表 12.1 に示すとおり 3 分野に細分化されています。

表 12.1 音声学の 3 分野

分野	内容
調音音声学（articulatory phonetics）	どのように調音器官が作用して音声を構成するかについての研究
音響音声学（acoustic phonetics）	どのように音声が空気中を伝わるかについての研究
聴覚音声学（auditory phonetics）	どのように音声が耳から脳へ伝わり、解釈されるかについての研究

調音音声学は、さまざまな調音器官を用いて言語音がどのように作り出されるかを研究する分野です。観察が比較的容易なので、歴史的にはこの分野の研究が最も進んでおり、19世紀末に学問分野として確立されて以来、**国際音声字母**（international phonetic alphabet, IPA）を始めとして、言語音の単位、分析方法などに関する音声学の基本的概念の多くは、調音音声学に依存しているといっても過言ではありません。

音響音声学は、物理現象として音声がどのように空気を振動させて伝搬するのかについて研究します。特に1990年代以降にはコンピュータ上で音声分析を行うことが容易になったため、研究が飛躍的に進んだ分野です。

聴覚音声学は、音声がどのように聴取され認識理解されるのかを研究する分野ですが、観察や測定が困難なため未開拓の部分が多く残されています。心理学や脳科学などの近接分野との共同研究を通して、これからの発展が期待されています。

このように音声学では言語音の産出、伝搬、認識に関する事実を分析し記述することを目的としていますが、**音韻論**（phonology）では言語の音声現象に関する規則や原理を解明し体系化することを目的としています。言い換えれば、言語音が言語の構成要素としてどのような働きをするのかという機能の側面に焦点を置き、その特徴や規則性について明らかにするのです。特に、**意味を弁別する最小の音声単位（音素、phoneme）**を同定し、それらがどのように組み合わさって単語を作るのかを研究します。また、アクセントやイントネーションなど、個々の音声を越えた語や文に対して付される音韻的特徴についても分析します。

12.2 英語の音声

　私たちがことばを発するとき、音声は連続体として機能しています。記述したり分析したりするために、これを意図的に切り離し、ひとつひとつの音として分解したものを**分節音**（segment）と言います。例えば、sun という単語は 1 つの連続体として発音されるのが普通ですが、/s/、/ʌ/、/n/ の 3 つの分節音から成り立っているというふうに言います。まず、分節音の特徴をめぐって、**音素**、**母音と子音**、**音節とモーラ**について概説します。

12.2.1 音素

　音声言語において、意味を区別する働きをもった最も小さな音の単位を**音素**（phoneme）と言います。例えば、/pen/、/ben/、/men/、/ten/、/den/ は、それぞれ異なった意味をもっています。この意味の区別をしている音は /p/、/b/、/m/、/t/、/d/ ですが、それぞれ英語においては独立した音素であるとされます。では、/raɪt/（right）と /laɪt/（light）ではどうでしょうか。英語話者は /r/ と /l/ の音の違いによって意味を区別していますから、/r/ と /l/ はそれぞれ英語の音素ということになります。日本語では、/r/ と /l/ は音素として分別されていません。外来語の「ライト」について例をあげれば、「野球でライトを守る」も「車のライトがまぶしい」も同じ /ɾ/ [2] として認識されています。つまり日本語では、「ライト」（右）と「ライト」（光）は同音異義語として扱われることになります。

　音素を同定するためには、上述したように一箇所のみ音声形式の違う 2 つの対になった単語を使います。つまり、1 つの音を入れ替えると異なった意味が生じる対の単語です。このような対語を**ミニマルペア**（minimal pair）といいます。例えば、/θɪnk/（think）と /sɪnk/（sink）、/fiːt/（feet）と /hiːt/（heat）、/bʌt/（but）と /bæt/（bat）はどれも一箇所のみ音声が異なっており、しかも意味が違う単語なのでミニマルペアをなしており、四角で囲んだ音声は英語の音素であるということになります。

　日本で出版されている英和辞典に載っている英単語の発音記号は音素に対応しているものが多いので、「音素」という用語には馴染みがなくても、英

語学習者がすでに知っている音声の特徴だと言えます。

12.2.2　音素体系―母音と子音

どの言語にも音素は存在していますが、その数についてはさまざまです。英語と日本語を比較すると、英語の方が音素の数が多く複雑な体系をなしていることになります。音素体系を考える上で、分節音を**母音**(vowel)と**子音**(consonant)の2種類に分けて分析してみましょう。

母音は肺から出た息(気流)が口腔内で閉鎖、狭窄、摩擦などの阻害をうけずに作り出された有声音をさします。代表的な母音には、/ɪ/、/e/、/a/、/o/、/u/ などの音があります。一方、子音は気流が口腔内のどこかで阻害されて作り出される音をさします。子音には /k/、/s/、/t/、/n/、/h/ などさまざまな音があります。

■ 母音

英語は母音の数が多いという特徴をもつ言語です。日本語の場合、母音は /a/、/i/、/ɯ/ [3]、/e/、/o/ の5母音ですが、英語では**短母音**だけでなく**長母音**[4]や**二重母音**(diphthong)も音素として弁別されているので、20以上の母音があるとされています。母音音素が多いという点は、音韻からみた英語らしさの1つと言えるでしょう。

母音を記述する尺度には、(1) 舌の上下方向の位置(高い(high)[1、8]・真ん中(mid)・低い(low)[4、5])、(2) 舌の水平方向(前後)の位置(前の方(前舌：front)[1、4]・真ん中(中舌：central)・後ろの方(後舌：back)[8、5])、(3) 唇を丸めるかどうか(丸める(円唇：rounded)・丸めない(非円唇：unrounded))の3種類があります([　]内の1〜8の数字は図12.1および図12.2に示すとおり)。

図12.1では日本語の母音はカタカナで示してあり、日英の母音の違いがわかるようになっています。日本語の母音は英語とは発音されるときの舌の位置が異なるため、違った音として認識されることがあります。

図12.1および図12.2に示すとおり、英語の /iː/ という長母音は、口腔の最も前方で、しかも上部で発音される母音です。子どもが歯をむきだしにし

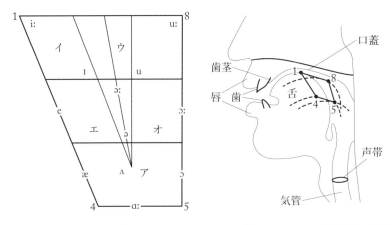

図 12.1　母音図　　　**図 12.2　第 1、4、5、8 基本母音の位置**
（鈴木, 1989, p.16 参照）

て相手に対して「イーだ！」という時の日本語の /iː/ の音に似ており、唇を横にのばして発音します。英語の /uː/ は、口腔の最も後方で、上部、唇を丸めて発音されます。ちなみに日本語の「ウ」(/ɯ/) は、唇を丸めない母音です。

　日本語にはない英語母音の /ə/ や /æ/ は、「ア」で代用されることが多いのですが、コミュニケーションに支障をきたす場合がないわけではありません。例えば、/bæt/ (bat) と /bʌt/ (but)、/hɑːd/ (hard) と /həːd/ (heard) の区別がつかない場合などが考えられます。

　英語の**長母音**には、図 12.1 に示すとおり、/ɑː/ (father)、/iː/ (eat)、/uː/ (food)、/əː/ (fur)、/ɔː/ (caught) があります。同様に、**二重母音**としては、/eɪ/ (ate)、/aɪ/ (day)、/ɔɪ/ (voice)、/ou/ (coat)、/au/ (about)、/iə/ (tear)、/eə/ (air)、/uə/ (poor) などがあります。日本語では、長母音も二重母音も 1 つの音には認識せず、2 つの母音の連続として分析されます。例えば、「おばあさん」の「バア」は /ba/ + /a/ のように、「ドライブ」の「ライ」は /ra/ + /i/ のように見なされ、/aː/ や /aɪ/ を 1 つの独立した母音とは数えません。

■子音

　子音は、口腔に閉鎖、狭窄、摩擦などの阻害を加えて発する音声です。

舌、歯、唇または声門を使います。声帯を震わせて発する有声音と震わせず発する無声音があります。

子音は(1)**調音点**(place of articulation)および(2)**調音法**(manner of articulation)を組み合わせることによって記述されるのが一般的です。

(1) **調音点**：発音に使われる口腔内の位置にしたがって、分類されます。

- 両唇音(bilabial) 　　　　　上下の唇
- 唇歯音(labio-dental) 　　　 (上の)歯と(下の)唇
- 歯音(dental) 　　　　　　　歯と舌
- 歯茎音(alveolar) 　　　　　歯茎と舌
- 硬口蓋歯茎音(palato-alveolar) 　硬口蓋歯茎と舌
- 硬口蓋音(palatal) 　　　　　硬口蓋と舌
- 軟口蓋音(velar) 　　　　　　軟口蓋と舌
- 口蓋垂音(uvular) 　　　　　口蓋垂と舌
- 声門音(glottal) 　　　　　　声門

(2) **調音法**：発音するときの口腔内の阻害の仕方によって分類されます。

- 閉鎖音(stop)　　口腔内の上下の器官が接触し、息の流れを完全に止めて出す音。
- はじき音(flap)　口腔内の上下の器官が接触し、舌が1回歯茎をはじく時の音。
- 摩擦音(fricative)　口腔内の上下の器官が接近し、狭い隙間から息を押し出す時の音。
- 鼻音(nasal)　　鼻腔へ息を通す＝息を鼻へ抜けさせて出す音。
- 破擦音(affricate)　閉鎖してからゆっくり解放することにより、摩擦音を出す時の音。
- 流音(glide)　　後に来る母音へ速やかに移っていく途中で発声される音。

言語によって、これらの調音点や調音法が選択的に利用され子音の発音が

分類されることになります。表 12.2 は英語の子音を示しています。

表 12.2　英語の子音
（中島, 2011, p.89）

調音法＼調音点（無声・有声）	両唇 無	両唇 有	唇歯 無	唇歯 有	歯間 無	歯間 有	歯茎 無	歯茎 有	歯茎硬口蓋 無	歯茎硬口蓋 有	硬口蓋 無	硬口蓋 有	軟口蓋 無	軟口蓋 有	声門 無	声門 有
閉鎖	p	b					t	d					k	g	ʔ	
摩擦			f	v	θ	ð	s	z	ʃ	ʒ					h	
破擦							ts	dz	tʃ	dʒ						
流音							r, l									
鼻音		m						n						ŋ		
半母音		w										y				

12.2.3　音節とモーラ

■音節

　音節（syllable）とは、分節音が母音を中心として幾つか結合して作られる音韻単位のことを言います。母音（V）のみの音節もありますが、多くは子音＋母音（CV）の形をとっています。子音だけが単独で音節となることはありません。

　1 つの単語に含まれる音節の数は、その語の母音の数と対応しています。例えば、日本語の「す」という音（音節）は子音 /s/ と母音 /u/ の組み合わせです。「す」ならば 1 音節、「すいか」ならば、/su/ + /i/ + /ka/ という 3 つの音節からなると考えます。/s/ + /u/ + /i/ + /k/ + /a/ という音素が CV + V + CV のように組み合わされて音節を形成しています。

　英語の場合、音節にはこの CV の形に加えて、dog（/d/ + /ɔ/ + /g/）のように、CVC で 1 音節となる形もあります。また、母音の前後に結合する子音は 1 つとは限りません。Step（/s/ + /t/ + /e/ + /p/、CCVC）や straw（/s/ + /t/ + /r/ + /ɔː/、CCCV）のように 2 つもしくは 3 つも子音が結合する場合があります。しかし、音節の数は母音を基準としますので、dog も step も straw も、音節数はいずれも 1 つです。

音節という単位を知っておくことは、語のアクセントの場所がどこにあるのかを分析したり、また語の長さを測ったりするときに役立ちます。アクセントについては次節で述べますが、語の長さということを少し説明しましょう。語の長さは文字の数で測るわけではなく、音節の数（つまり母音の数）を基準にします。例えば、形容詞や副詞の比較級・最上級の活用では、1音節の短い語は、-er、-est と活用しますが、2音節以上の長い語[5]はほとんど、more~、most~ のように活用するのです。

■モーラ

　音節とよく似た単位として、**モーラ**（mora、拍）があります。モーラも音の長さに対応する単位ですが、音節のように母音を核に形成された音韻単位に加え、長音（「ボート」の「ー」のように伸ばす音）、撥音（ん）、促音（っ）が含まれます。例えば、「ヤッホー」という語の音節数は 2 ですが、モーラ数は 4 になります。「まんが」なら、音節数は 2 ですがモーラ数は 3 です。

　一般に、英語が音節を単位とする言語であるのに対し、日本語はモーラを単位とする言語であると言われています。これは、英語の歌が音節に音符をあてて作られているのに対し、日本語の歌ではモーラに音符をあてていることからもわかります。また、日本語のひらがなやカタカナの表記はモーラに基づいており、伝統的な詩歌はモーラの数によって音数律が決められているため、「三十一文字（みそひともじ）」（短歌）とか「十七文字（じゅうしちもじ）」（俳句）のように呼ばれています。

12.3　英語のアクセント、イントネーション、リズム

　これまで、音素のように分節された音声、およびその結合した単位である音節やモーラについてみてきましたが、ここからは、さらに大きな音韻連鎖について考えてみましょう。分節音のレベルを超えて語や発話全体に表れることばの**音律**（prosody）のことは、**超分節的**（suprasegmental）と呼ばれ、超分節的な要素の代表的なものにアクセント、イントネーション、リズムがあります。

12.3.1　アクセント

アクセント（accent）とは、単語（あるいは単語の連結）を発音するときにみられる音の相対的強弱や高低を言います。強弱による**強勢アクセント**（stress accent）と音の高低による**高低アクセント**（pitch accent）に分類され、英語は強勢アクセント、日本語は高低アクセントをもつとされています。

例えば、America /ə-mér-ɪ-kə/ という単語の発音では、4 つの音節のうち 2 番目の /mer/ という音節が最も目立ちます。それはこの単語のアクセントが強弱によるもので、/mer/ が強く発音されるためです。アクセントの位置によって、発音や意味、品詞が異なる単語（例えば present /prɪ-zént/（動詞：贈る、提示する）、/pré-zənt/（名詞：贈り物、形容詞：出席している、現在の）；record /rɪkɔːrd/（動詞：記録する）、/rékɔːd/（名詞：記録））があるほどです。また、アクセントの位置による意味の区別は、単語に限らず、単語が連結して使用される場合にもみられます。例えば、White House（米国大統領官邸）というとき、アクセントは Whíte Hòuse となり、前半の white が強く発音されますが、white house（白い家）の場合、アクセントは逆に後半の house の方に置かれます。

一方、日本語は強弱ではなく高低（ピッチ）によってアクセントを表し、同じ音節から成る単語（例えば /ha-ʃi/、/ka-ki/）でも、第 1 音節か第 2 音節のどちらが高いピッチで発音されるかによって意味が異なる（箸と橋・端、牡蠣と柿）こともあります[6]。

12.3.2　イントネーション

アクセントが語レベルで生じる音韻現象とするなら、イントネーションは文や発話全体のレベルで生じる音韻現象です。声の高さ（pitch）の変動によって生まれるパターンのことを**イントネーション**（intonation）または**音調・抑揚**と言います。イントネーションは、上昇調と下降調に大別され、それぞれ異なる文の種類に対応している場合が一般的です。上昇調は、yes-no 疑問文の場合、下降調は平叙文、命令文や wh 疑問文の場合です。

しかしながら、実際の発話ではコンテクストに応じて、原則にとらわれずに使用されることもしばしばです。例えば、"He is a nice man, isn't he?" と

いう付加疑問文では、"isn't he?"を上昇調にすれば相手の「意見を尋ねている」ことになりますし、下降調にすれば話者はある程度の確信をもって話していることになり、相手に「同意を求めている」という印象になります。このように、普通は下降調のイントネーションを使う文を上昇調で言うことによって、wh 疑問文の紋切り型の口調をやわらげたり、命令文のぶっきらぼうな感じを弱めたり、平叙文の内容に対する話者の気持ち、遠慮、嫌疑、不満、無関心などを伝えることができます。逆に普通上昇調で発音されている yes-no 疑問文を下降調で言うと、紋切り型の命令口調になり、疑問よりも確認や示唆、命令などの意味合いが伝わります。また普通なら下降調を用いるところで上昇や下降を混ぜ、上昇下降上昇調のイントネーションを用いることにより、話者の複雑な心境を伝える場合もあります。例 (1) は、"yes" という 1 語でも、イントネーションによってさまざまなニュアンスを伝えることを示しています。

(1)
A: "Do you agree?"
B: "Yes"
 a. ↘ 下降調(相手に同意している。)
 b. ↗ 上昇調(相手の質問を聞き逃した。)
 c. ↗↘↗ 上昇下降上昇調(相手に積極的には同意していない。躊躇している。)

　日本語でも、「今日は雨が降る」と言うとき、下降調にすれば平叙文ですが、上昇調にすれば疑問文と理解されます。英語でも日本語でもどのように音声の高低を使うかによってイントネーションが話者の態度や意味のニュアンスを相手に伝えているのです。

12.3.3 リズム
　一定の言語構造や特徴が周期をもって繰り返されることを**リズム** (rhythm) と言います。英語と日本語ではリズムのとりかたが異なると言わ

れています。英語の話しことばのリズムは強勢拍リズム (stress-timed rhythm) と呼ばれ、〈強弱弱　強弱弱　強弱弱〉のように、発話中の強勢が等間隔でくり返されます。一方、日本語のリズムは音節拍リズム (syllable-timed rhythm)、より正確にはモーラ拍リズム (mora-timed rhythm) と呼ばれ、〈M M M M M M〉のように、1つ1つのモーラが同じ長さでくり返されます。

　英語のリズムに上手にのった文章の例として、イギリスの伝統的な童謡である「マザーグース」の *Jack and Gill* をみてみましょう。

（2）

Jack and Gi<u>ll</u>	強　弱　強
Went up the H<u>ill</u>,	弱　強　弱　強
To fetch a Pail of Wa<u>ter</u>;	弱　強　弱　強　弱　強　弱
Jack fell d<u>own</u>	強　弱　強
And broke his Cr<u>own</u>,	弱　強　弱　強
And Gill came tumbling af<u>ter</u>.	弱　強　弱　強　弱　強　弱

　この歌では、強弱のパターンが繰り返し登場し、全体をリズミカルにまとめあげていることがわかります。それぞれの詩行で強弱が交互に置かれているだけでなく、前半の3行と後半の3行とは、まったく同じ構造をしています。等間隔に配置された強勢拍の部分で手拍子を打ってみると、歌全体が一定のリズムにのっていることに気づくでしょう。また、下線部は aabccb (a = /ɪl/、b = /tə/、c = /aun/) と脚韻を踏んでいるため、同じ音の反復が心地よい詩的な響きを生んでいます。

　以上、日本語と対比させながら、英語の音韻的特徴について述べてきました。ここで音韻からみた「英語らしさ」についてまとめておきましょう。母語英語にみられる英語らしい音韻的特徴とは、ひと言でいうと、子どもが母語として英語を習得する過程において、最後に身につける音韻的特徴だということです。最終段階で身につける特徴なので、このような特徴は世界諸言語においては普遍性の低い特徴であるという指摘も可能です。さらに当然の

ことながら、外国語として英語を学ぶときに難しい音韻的特徴と重複する場合が多いということも容易に推測できるでしょう。

　ローマン・ヤーコブソン（Roman Jakobson, 1896–1982）による音韻習得理論（1976）に基づけば、子どもはまずどの言語にも普遍的に現れる音韻的特徴から習得を始め、だんだんある特定言語に限定的に現れる音韻的特徴を習得していくとされています。例えば、母音と子音の区別は、すべての言語にあり、子どもも最初に習得します。しかし、日本人が不得手としている /r/ と /l/ の区別や /t/ と /θ/ の区別は、英語母語話者の子どもが最後に習得する音韻的特徴の 1 つなのです。母音でも英語にあって日本語にはない長母音や二重母音、子音が 2 つ以上連続して発音される子音連続（consonantal clusters）も英語に特徴的です。このような分節音は、言語ごとにかなりのばらつきがあり、外国語習得という観点からは難しい特徴とされています。一方、超分節的な特徴は概して子どもが早期に習得する特徴であり、それだけ言語ごとの違いが少ない特徴であるということができるでしょう。

　次節で国際共通語としての英語の音韻を考察するにあたって、私たちが知っておくべきことは、どのような音韻的特徴を「英語らしさ」として特定するかということです。非母語話者同士がコミュニケーションをする場面で相手にとってわかりやすい英語の音韻的特徴には、どんな「英語らしさ」が求められるべきなのでしょうか。

12.4　国際共通語としての英語の音韻論

　グローバル化がどんどん進む今日、英語がいたるところで使われています。その話し手や聞き手は、かならずしも英語母語話者ではなく、非母語話者として、第二言語または外国語として英語を習得した人々です。これらの人々が共通語として英語を使う場合には、「通じる英語」「わかりやすい英語」が求められているということも繰り返し述べてきました。**わかりやすさ**（intelligibility）には発音だけでなく、語彙選択や文法構造、話題や状況の理解度などさまざまな要因が関わります。この節では、まず話しことばに限定し、国際共通語としての英語に必要な音韻的特徴の核について考察し、続い

て日本語母話者からみた国際共通語としての英語発音の困難点について掘り下げてみたいと思います。

12.4.1 国際共通語としての核

　ジェニファー・ジェンキンス (Jennifer Jenkins) が 2000 年に著した *The phonology of English as an international language* という本は、国際共通語としての英語の発音について画期的な提案を行いました。Jenkins は教える際の方法理念として、母語話者の発音を模倣するのではなく、非母語話者同士がお互いにわかり合えるような発音を目標にすべきだと主張したのです。母語話者の「正確な」発音ではなく、「相互の理解度」を基準とした**国際共通語としての核** (Lingua Franca Core, LFC) となる発音を重視し、LFC 以外の発音は、話し手の母語の影響下で転移、代用、欠落などがあってもよいという寛容な立場をとっています。

　では LFC にはどのような音韻的特徴が含まれるのでしょうか。

■子音と母音

　Jenkins (2000, pp.137–163) によれば、分節音の中で、ほとんどの子音は LFC となります。つまり「理解度」という点で重要なのです。イギリス英語およびアメリカ英語の標準語では 24 の子音 (cf. 表 12.2) が共通であるとされており、これらの子音を他の子音に置き換えたり、省略したりすると意味が通じにくくなります。一方、母音は子音に比べればそれほど意味の弁別に影響をおよぼさないとも言えます。例えば、英語方言にみられる発音上の違いは母音によることが多いのです。イギリスやアメリカの標準的発音では、'day' は /deɪ/ という発音ですが、ロンドンのコックニーやオーストラリア英語では /daɪ/ であることからも明らかでしょう。また、母音は英語史という観点からみても変化を遂げていることが指摘できます。第 3 章でも述べましたが、英語のスペリングが実際の発音と異なっている(例：'blind' /bliːnd/ → /blaɪnd/ ；'sweet' /sweːt/ → /swiːt/ など)のは、**大母音推移**という母音の歴史的変化に由来しているのです。

　英語の子音の中で、LFC から除外される音が少数あります。第 1 は、最

も発音が難しい音素、'th' のスペリングに対応する /θ/ や /ð/ です。これらの音素は、母語話者の子どもが最も遅く習得すると言われており、しばしば /f/ や /v/、または /t/ や /d/ で代用されると報告されています。理解度の点からは何の問題も生じないので、代用を認めるというわけです。第2は、イギリス英語に特徴的な non-rhotic ではなくアメリカ英語に特徴的な rhotic /r/ を LFC として優先するということです。この論拠は、発音のしやすさおよび理解のしやすさに加え、スペリングでも 'r' に対応しており、学習者にとって学びやすいとされる点にあります。

一方、英語の母音の中で、LFC として大切だとされている点は、長母音と短母音の区別です。例えば、短母音の [ɪ] と長母音の [iː] の区別を考えてみましょう。"It" と "eat"、"fit" と "feet"、"mitt" と "meet" を比べると、それぞれまったく違う意味を表しています。つまり、英語では短母音と長母音は、音素的な差異を表すので、その区別もまた、重要であるということになります。

■超分節的な要素

意味に関わる要因として、ストレス(強勢)をどこに置くかということがあげられます。単語のアクセント、および、文のストレスを考えてみましょう。英語の二音節以上の単語には、アクセントを置いて発音する音節があります。アクセントを置く音節が変わることによって、意味もまた異なる単語があります。例えば、「砂漠」を表す /dé-zəːrt/ と、「お菓子」を表す /də-zʻəːrt/ は、アクセントの場所の違いが意味に関わるという点で大切です。

文中のどの要素を強調するかによって、ストレスが置かれることもあります。例えば、以下の3つの文では、ストレスの場所によって、"I"、"know"、"that" それぞれ違う要素が強調されることになります。

I̲ know that.   I KNOW that.   I know THAT.

このように、LFC に含まれる超音節的要素は、意味を弁別する要素であると結論づけることができるでしょう。

12.4.2　日本語母語話者からみた国際共通語としての英語発音の困難点

　最後に、Jenkins (2000) によって提案されている国際共通語としての英語発音の核 (LFC) について、特に日本語母語話者にとっての発音上の困難点を考えてみたいと思います。

　まず、子音の発音ですが、日本語にはない 'th' の発音は、LFC にも含まれていません。つまり、英語母語話者以外には難しい発音であり、別の音で代用しても意味の区別にあまり影響しないと考えられています。ここで大切なことは、'th' をどんな音で代用するかということです。日本語母語話者の多くは /s/ や /z/ で代用しています。例えば、サンキュー (thank you)、シンクタンク (think tank)、ザッツエンターテイメント (That's entertainment!)、ウィズ (with) などです。この代用は、理解度という意味でやや問題があります。それは、英語母語話者の子どもの発音習得、および世界諸英語の発音では、'th' は、/t/ や /d/ で代用されることが多いからなのです。

　一方、英語の子音には、/r/ と /l/、/b/ と /v/ のように日本語では区別をしない子音があります。これらの発音がうまくできなかったり、聞き取れなかったりして問題が生じるかどうかは、コンテクストによって左右されます。例えば、/raɪt/ (right) と /laɪt/ (light) が共存するようなコンテクスト、"Please turn on the right light" を想像してみてください。仮に、"Please turn on the /laɪt/ /raɪt/" と発音したとしても、おそらく意味は通じるのではないでしょうか。また、コミュニケーションでは、1 つの単語だけを切り離し、単独で発音してみせるということはあまり一般的ではありません。したがって、前後関係がわかっていれば、これらの単語を正確に聞き取れなかったり、発音できなかったりしても、理解度が損なわれることは案外少ないと言えます。

　さて、母音の発音でも、日本語母語話者が、難しいと感じる LFC があります。まず、長母音と短母音の区別です。上述しましたが、母音の長さの区別は音素的差異なので、意味の違いに影響します。例えば、"you are /fʊl/ (full)." と "you are a /fuːl/ (fool)." では、全く異なる意味になります。また、日本語にはない二重母音についても、難しさが指摘されています。英語から来た外来語のカタカナ表記をみてみると、/meɪl/ (mail) が「メール」に、

/teɪbl/（table）が「テーブル」というように二重母音ではなく長母音に変換されています。/leɪdɪ/（lady）では、「レディ」のように短母音で代用されていることがわかります。こうした例は、おそらく相当数の外来語にみられることです。英語から来た外来語は、日本語話者にとっては、ある意味わかりやすい英語語彙ですが、母語英語で本来どのように発音されているのかを確認してみることも、国際共通語としての英語を身につける上では大切だと言えるでしょう。

まとめ

　本章では、英語の音韻的特徴を日本語との比較をもとに考察しました。それは、英語らしい音韻的特徴を理解することが、外国語として英語を学ぶ際の助けになるだけではなく、日本語母語話者からみて難しい発音に対する考え方を見直すためにもなると考えたからです。加えて、国際共通語としての英語（ELF）には、どんな発音上の英語らしさが求められているのかということについて、核（LFC）という概念を導入して説明しました。音韻上のわかりやすさという観点は、1つには、意味の違いをはっきりと伝える音韻的特徴をおさえるということで説明できると思われます。最後に、日本語母語話者にとって難しいとされる LFC の発音についても触れ、どのような点に注意すべきかについて論じました。

　コミュニケーションの中で音韻上の特徴は語彙、文法、語用と同様に大切です。しかしながら、コミュニケーションという相互行為には、必ず相手がいてコンテキストがあるということを忘れずに、ことばの営みの全体像に目を向ける態度を培うことが重要だと思います。

練習問題

1. 以下は、Jack and Gill の歌の続きです。英語のリズム、すなわち強勢拍がどのようになっているか、みてみましょう。

   　　Up Jack g<u>ot</u>, and home did tr<u>ot</u>,
   　　　　As fast as he could c<u>ap</u>er,
   　　To old Dame D<u>ob</u>, who patched his n<u>ob</u>,
   　　　　With vinegar and brown p<u>ap</u>er.

   　　When Gill came <u>in</u>, how she did gr<u>in</u>,
   　　　　To see Jack's paper pl<u>ast</u>er;
   　　Dame Dob, v<u>ex</u>ed, did whip her n<u>ext</u>
   　　　　For causing Jack's dis<u>ast</u>er.

2. ミニマルペアを、英語と日本語それぞれから3つずつあげてみましょう。
3. あなたにとって発音するのが難しいと感じる英語の単語をあげ、12.4 の記述を参考に、なぜ発音が難しいのかを説明してください。
4. Lingua Franca Core という考え方の優れた点と問題点について考えてみましょう。

注

1 厳密には、手話言語もあります。
2 専門的には、日本語の /ɾ/ は flap（弾音）という音で、英語の /r/ は liquid（流音）という音に分類されています。
3 /ɯ/ は、唇を丸めないで発音される日本語の「ウ」を表す IPA。英語の /u/ は、唇を丸めて発音されます。
4 古英語の時代には、母音の「長さ」が意味の弁別に関わっていましたが、発達の途上で母音の長さの対立は解消され、現代英語では「音質」の違いとして弁別さ

れています。したがって、専門的には「短母音」「長母音」という用語よりも「弛緩母音 (lax vowel)」「緊張母音 (tense vowel)」という用語が使われる傾向があります。
5　2音節の形容詞・副詞でも -er、-est の活用をするものがあります。最も一般的なのは、happy や busy のように語尾が -y で終わる語です。
6　このような高低アクセントは、地域方言によっても異なっています。例えば、「箸と橋」は、東京方言と大阪方言ではアクセントが逆になります。

参考文献

ヤーコブソン, R. (1976).『失語症と言語学』(服部四郎・編・監訳). 岩波書店.
Jenkins, J. (2000). *The phonology of English as an international language.* Oxford: Oxford University Press.
中島平三(2011).『ファンダメンタル英語学〈改訂版〉』ひつじ書房.
鈴木博(1989).『英語Ⅰ』放送大学教育振興会.

推薦図書

Carr, P. (2002).『英語音声学・音韻論入門』(竹林滋・清水あつ子・訳). 研究社. [原著：Carr, P. (1999). *English phonetics and phonology.* Oxford: Blackwell.]
Jenkins, J. (2003). *World Englishes.* Routledge.
窪薗晴夫(1998).『音声学・音韻論』くろしお出版.
竹林滋・斎藤弘子(2003).『英語音声学入門』研究社.

索引

A–Z

"broad /ɑ/" 40
"English-Only" 政策 50
"English-Plus" 政策 50
Expanding Circle 18, 21, 22, 23
Inner Circle 18, 19
non-rhotic 40, 52, 78
Outer Circle 18, 20, 22, 23
rhotic 54, 78
RP →容認発音
"Speak Good English Movement" 27
Texting 56
World Englishes →世界諸英語

あ

あいづち 76, 111, 112
アイデンティティ 74
アクセント 9, 110, 190, 196, 197, 202
アメリカ英語 23, 31, 38, 40, 41, 42, 47, 48, 49, 50, 51, 52, 54, 55, 65, 70, 76, 107, 108, 158, 159, 201
アメリカ語 48
アメリカ独立戦争 48
アングロサクソン 33, 155, 156

い

イギリス英語 19, 23, 31, 33, 38, 39, 40, 41, 42, 47, 52, 54, 55, 63, 64, 65, 67, 68, 74, 155, 156
イギリス連邦 20, 39, 57
威信 67, 68
威信形 71, 72, 78
一般アメリカ英語 51
一般オーストラリア英語 43
一般カナダ英語 57
イデオロギー 74, 77
意図 81, 82, 85, 86, 93, 94, 96, 99, 100, 102, 108, 116, 143
異文化コミュニケーション論 11, 12
意味公式 83
意味論 8, 9, 10
意味を弁別する最小の音声単位 190
依頼 93, 94, 95, 103, 106, 107
イントネーション 74, 103, 110, 190, 196, 197, 198
隠喩 162

う

ウェブスター, ノア 49
ウチ集団 92

え

エスノメソドロジー 110
婉曲語法 165, 166

お

オーストラリア英語 31, 40, 42, 43, 44, 74
お礼 82, 83, 84, 85
音韻論 8, 9, 190, 200
音響音声学 9, 190
音声学 8, 9, 189, 190
音節 191, 195, 196, 199, 202
音素 9, 190, 191, 192
音調 74, 197
音律 196

か

外国語　6, 16, 17, 18, 21, 22, 23, 200
階層　63
階層方言　66, 67, 68, 70, 74
会話の含意　101, 102, 116
会話分析　109
かきねことば　75
核　189
河口域英語　40, 41
可算　178, 179, 180
過剰修正　70, 73
カテゴリー化　160
カナダ英語　31, 51, 57, 58, 65
関係の公理　100
感情表出　139, 141, 142, 143
間接的発話行為　82, 84, 86, 96
ガンパーズ, ジョン　110

き

聞き手の反応　111
気づき　138, 151
強勢　35, 199, 202
強勢アクセント　197
矯正策　103, 104
協調の原理　99, 100, 102
共同体　→コミュニティ
教養人オーストラリア英語　43
近接空間学　135, 136
近代英語　31, 32, 34, 35, 36, 38
欽定訳聖書　35, 36

く

屈折形　9
屈折語尾　33, 34, 36

グライス, ポール　100, 122, 124, 127

け

形態素　9
形態論　8, 9
結束性　109
言語運用　11
言語音　9, 189, 190
言語化　122, 175
言語実践　8, 11
顕在的威信　68
現代英語　19, 31, 32, 34, 35, 38
現地化　7, 23, 24, 26, 27
権力格差　125, 126, 127, 128

こ

語彙　7, 25, 27, 33, 41, 43, 47, 48, 53, 55, 58, 155, 156, 157, 158, 159, 160, 161, 167, 168
語彙的　75
語彙的動作　139, 143, 144, 151
高コンテクスト　121, 122, 128
高コンテクスト文化　121, 122, 123, 124, 128
公衆距離　136, 137
高低アクセント　197
公用語　1, 5, 6, 18, 20, 22, 25, 29, 33, 39, 50, 51
古英語　31, 32, 33, 34, 38, 156
声の高さ　74, 197
国際音声字母　190
国際共通語　7, 168
国際共通語としての英語　6, 15, 25, 28, 189, 200, 201, 203, 204
国際共通語としての核　28, 201

国際語　7
黒人英語　51, 53, 54
国民文化　12, 120, 122
個人距離　136, 137
個人主義　124, 125, 127, 128
〈個体〉　179, 180, 181, 182
〈個体〉への志向性　182, 183
国家　120
コックニー　40, 41, 42
「コト」的言語　183, 184
古ノルド語　33
ゴッフマン, アーヴィング　102
コミュニケーション・スタイル　76
コミュニティ(共同体)　110, 119
語用　7, 76
語用論　8, 11, 81, 82, 99, 109

さ

サブカルチャー　120, 128
サラダボウル　50

し

子音　68, 191, 192, 193, 194, 195, 200, 201, 203
シェイクスピア, ウィリアム　35, 36, 37
ジェンダー　63, 69, 70, 73, 74
指小辞　44
事態把握　171, 176, 178, 180, 181, 182
質の公理　100
自動詞　182
社会階層　66, 67, 68, 69, 71, 72, 73
社会距離　136, 137
社会言語学　11
社会集団　66, 74
社会的実践　109

社会的属性　7, 63
社会方言　39, 51, 53, 54, 66
借用　168
借用語　158, 159
集団主義　124, 125, 128
主語　171, 172, 173, 174, 175, 176
主体　172
述語　171
準公用語　1, 20
消極的面目　102, 103, 104, 105
傷痕　67
「状態」　177, 178, 184
植民地　36
女性　74, 76
女性語　74
女性らしさ　125, 126
シンガポール口語英語(シングリッシュ)　15, 24, 25, 27
シンガポール標準英語　25
シングリッシュ　→シンガポール口語英語
人種のるつぼ　50
親族呼称　161
身体動作学　135, 139, 150
親密距離　136, 137
心理的主語　172, 173, 174, 175

す

水平化　33, 34
推論　100
ストラテジー　83, 84, 86, 87, 88, 89, 91, 92, 93, 94, 95, 96, 99
「する」　184
「する」的言語　182, 184

せ

性差別　166, 167
政治的な正しさ　166
世界諸英語（World Englishes）　7, 15, 23, 24, 28
積極的面目　102, 103, 104, 105
絶対的性差　74
潜在的威信　68

そ

相互行為　8, 11, 102
相対的性差　74
俗オーストラリア英語　43
ソシュール, フェルディナンド・ド　81
ソト集団　92

た

第二言語　5, 16, 17, 18, 19, 20
第二言語化　21
大母音推移　34, 35, 201
多言語主義　22
脱英米化　23
脱性差化　167, 168
他動詞　182
多文化主義　50
男性　74
男性語　74
男性らしさ　125, 126, 127, 128
短母音　192, 202, 203
談話　11, 109
談話完結テスト　89, 129, 130
談話フレーム　110, 111
談話分析　12, 82, 99, 109, 111

ち

地域　63
地域方言　39, 51, 63, 64, 65, 66, 67
注意喚起表現　94
中英語　31, 32, 33, 35, 38
調音音声学　9, 190
調音点　35, 194, 195
調音法　194, 195
聴覚音声学　9, 190
超分節的　196, 202
長母音　35, 47, 192, 193, 202, 203
チョーサー, ジェフリー　34
直接的発話行為　82, 84, 86
直喩　162

て

低コンテクスト　121, 122, 128
低コンテクスト文化　121, 122, 123, 124, 128
適応動作　139, 140, 143

と

同義語　157
統語論　8, 9
「動作」　177, 178, 181, 184
動作主　172, 176, 184
同時発話　76
トラッドギル, ピーター　68

な

「なる」　184
「なる」的言語　183
南部アメリカ英語　51, 52

に

二重母音　58, 192, 193
二重母音化　47
ニュージーランド英語　31

ね

ネイティブ・スピーカー　4, 6, 7
ネガティブ・ポライトネス方略　104, 106

の

ノルマン民族　33, 156

は

「場」　108
ハイブリッド　157
ハイブリッド言語　31
派生形　9
働きかけ方式　108, 109
発音　7, 25, 34, 35, 39, 40, 41, 43, 49, 51, 52, 53, 54, 55, 58, 63, 64, 65, 68, 69, 70, 71, 72, 74, 201, 202, 203
発話　81, 99
発話行為　11, 81, 82, 83, 84, 85, 86, 89, 90, 93, 96, 99, 103, 104
発話行為論　11
発話調整動作　139, 141, 143
場面の手がかり　110
パラ言語　138, 139
パラ言語学　135, 138
パロール　81

ひ

非威信形　69, 71
非言語コミュニケーション　11, 12, 135, 139
ピジン　60
ピジン英語　48, 60
非母語話者　6, 7, 22, 24, 201
非母語話者同士　200
比喩　162, 165, 168
比喩概念　163, 164
比喩表現　163, 164
標準語　39, 74

ふ

不確実さの回避　124, 125, 127, 128
不可算　178, 180
ブラウン, ペネロピ　102, 103
フランス語　33, 34, 51, 156, 157
フレーム　114
プロトタイプ　160, 161, 180
文化複合主義　50
分節音　191, 192
文法　7, 25, 34, 42, 54, 58, 65, 167, 171
文法関係　10, 171
文法的　75
文法的主語　172, 173, 174, 175, 176

へ

変種　7, 20, 21, 23, 31, 39, 40, 54, 55, 63, 65, 66, 67, 68

ほ

母音　191, 192, 193, 196, 200, 201, 202, 203
方言　65, 66, 78
ホール, エドワード　121, 122, 124, 127, 136
北東部アメリカ英語　51, 52
補語　171

母語　17, 18, 19
母語話者　5, 7, 21, 22, 200, 201, 202, 203
ポジティブ・ポライトネス方略　104, 105
ホフステード, ヘールト　121, 124, 125, 127
ポライトネス　11, 12, 76, 99, 100, 102, 103, 104, 106, 107, 108, 109

み

ミニマルペア（minimal pair）　72, 191

め

面目／面子　102
面目を脅かす行為　102, 103, 104

も

モーラ　191, 196, 199
目的語　171
「モノ」的言語　182, 184

や

ヤーコブソン, ローマン　200
やりとりの社会言語学　110

よ

様態の公理　100
容認発音（RP）　39, 40, 41, 64, 67
抑揚　197

ら

ラテン語　33, 34, 156, 157
ラボフ, ウィリアム　70
ラング　82

り

リズム　196, 198, 199
量の公理　100

れ

例示的動作　139, 142, 143
レヴィンソン, スティーヴン　102, 103
〈連続体〉　179, 180, 181, 182
〈連続体〉への志向性　182, 183

ろ

論理的主語　172, 173, 175

わ

わかりやすい英語　28
わかりやすさ　7, 28, 189, 200, 204
わきまえ方式　108, 109
話題　172, 174, 175
詫び　85, 86, 87, 88, 89

【著者紹介】

平賀正子（ひらが まさこ）

立教大学名誉教授。

東京都生まれ。青山学院大学文学部卒業。同大学大学院文学研究科修了（文学修士）。ロンドン大学ゴールドスミス校英語・英文学研究科修了（PhD）。放送大学教養学部助教授、立教大学社会学部教授を経て、2002年より2017年まで異文化コミュニケーション研究科教授。

専門分野は、英語学、言語学、詩学。主な著書および編書として、『表現と理解のことば学』（ミネルヴァ書房, 1996）、『異文化とコミュニケーション』（ひつじ書房, 2005）、*Metaphor and iconicity*（Palgrave Macmillan, 2005）、『異文化コミュニケーション学への招待』（みすず書房, 2011）、*Iconicity: East meets West*（John Benjamins, 2015）ほかがある。

ベーシック
新しい英語学概論

A Basic Guide to English Linguistics
Masako Hiraga

発行	2016年1月5日 初版1刷
	2024年10月24日　　7刷
定価	1700円＋税
著者	Ⓒ 平賀正子
発行者	松本功
装丁	大崎善治
印刷・製本所	三美印刷株式会社
発行所	株式会社 ひつじ書房

〒112-0011 東京都文京区千石2-1-2 大和ビル2F
Tel.03-5319-4916 Fax.03-5319-4917
郵便振替 00120-8-142852
toiawase@hituzi.co.jp　https://www.hituzi.co.jp/

ISBN978-4-89476-554-2　C1080

造本には充分注意しておりますが、落丁・乱丁などがございましたら、小社かお買上げ書店にておとりかえいたします。ご意見、ご感想など、小社までお寄せ下されば幸いです。

ベーシックシリーズ

ベーシック英語史
家入葉子著　定価 1,600 円＋税

ベーシック日本語教育
佐々木泰子編　定価 1,900 円＋税

ベーシック生成文法
岸本秀樹著　定価 1,600 円＋税

ベーシック現代の日本語学
日野資成著　定価 1,700 円＋税

ベーシックコーパス言語学　第 2 版
石川慎一郎著　定価 1,700 円＋税

ベーシック応用言語学　L2 の習得・処理・学習・教授・評価
石川慎一郎著　定価 1,800 円＋税

ベーシック英語構文文法
大谷直輝著　定価 1,800 円＋税

ベーシック語彙意味論
岸本秀樹・于一楽著　定価 1,700 円＋税